“十四五”时期国家重点出版物出版专项规划项目

世界马克思主义与左翼研究论丛 主编 姜辉

汉斯·莫德罗回忆录

[德] 汉斯·莫德罗 著
王建政 译

ERINNERUNGEN VON HANS MODROW

版权合同登记号　图字：01-2022-0153

图书在版编目（CIP）数据

汉斯·莫德罗回忆录 / (德) 汉斯·莫德罗著 ; 王建政译 . -- 北京 : 当代中国出版社 , 2022.3
（世界马克思主义与左翼研究论丛 / 姜辉主编）
ISBN 978-7-5154-1124-8

Ⅰ . ①汉…　Ⅱ . ①汉… ②王…　Ⅲ . ①莫德罗 (Modrow, Hans 1928-) —回忆录　Ⅳ . ① K835.167

中国版本图书馆 CIP 数据核字（2021）第 102938 号

出 版 人　冀祥德
责任编辑　陈　莎　周显亮
责任校对　康　莹
印刷监制　刘艳平
装帧设计　观止堂_未　氓　马　帅
出版发行　当代中国出版社
地　　址　北京市地安门西大街旌勇里 8 号
网　　址　http://www.ddzg.net　邮箱：ddzgcbs@sina.com
邮政编码　100009
编 辑 部　（010）66572264　66572154　66572132　66572180
市 场 部　（010）66572281　66572161　66572157　83221785
印　　刷　北京润田金辉印刷有限公司
开　　本　720 毫米 × 1020 毫米　1/16
印　　张　13 印张　1 插页　171 千字
版　　次　2022 年 3 月第 1 版
印　　次　2022 年 3 月第 1 次印刷
定　　价　58.00 元

“世界马克思主义与左翼研究论丛”
总　序

新中国成立70多年来，特别是改革开放40多年来，伴随着我国社会主义建设和改革事业的发展，我国的世界马克思主义研究经历了从起步到初具规模再到迅速发展的过程，也取得了一系列重要研究成果。国内译介了大量国外马克思主义流派和思潮的代表著作，推出了一批批具有真知灼见的研究成果，对促进我国的马克思主义研究发挥了重要作用。在不断引进、吸收国外著述和成果的同时，我国有关领域的学者坚持“引进来”和“走出去”相结合，不断把当代中国马克思主义研究成果推向世界，从国际视野出发坚持和发展马克思主义。对于世界马克思主义研究，不同领域、不同学科的研究者从不同的研究视角出发，着眼于不同的研究主题，见仁见智地提出了各自不同的观点，甚而进行了针锋相对的思想碰撞。在这样的争论中，世界马克思主义研究视域不断拓展，研究主题逐渐丰富，问题意识日趋明晰，为发展当代中国马克思主义服务的作用也日益凸显。

进入21世纪以来，世界正经历百年未有之大变局。当前，新旧国际秩序加速更替，“东升西降”的发展趋势日益明显，世界发生着有利于马克思主义和社会主义的深刻转变。处于新一轮衰退期的世界资本主义与处于新一轮上升期的世界社会主义之间的竞争和博弈更趋激烈，中国特色社会主义成为世界马克思主义的旗帜和世界社会主义的中流砥柱，且引领示范作用不断上升。我们就是在这样的时代背景和世界形势下推动世界马克思主义和世界社会主义研究，恢复并提振马克思主义真理的力量，提升运用马克思主义研究和解决实际问题的能力，不断推动21世纪马克思主义丰富发展。

总的来说，我国的世界马克思主义研究取得了较大成绩，但同时代和实践发展的要求相比，同发展21世纪马克思主义的时代任务和要求相比，世界马克思主义研究需要全面提升和加强，世界马克思主义学科需要建立、完善和发展，需要从整体上提升世界马克思主义研究水平。从研究层面看，应该从整体上把握世界马克思主义发展趋势，关注世界马克思主义研究的重大理论和现实问题，加强对当代世界前所未有之大变局的研究，加强对当代世界社会主义新情况、新特点的研究，加强对当代资本主义新变化、新趋势的深入研究，加强对当代中国马克思主义、21世纪马克思主义的研究，为在新时代发展马克思主义做出原创性贡献。为了更好地加强对世界马克思主义和西方左翼的研究，中国社会科学院马克思主义研究院策划出版了这套“世界马克思主义与左翼研究论丛”。

本套丛书涉及的研究范围广、问题多，包括马克思主义基本理论，现实社会主义国家发展，发达国家与发展中国家的马克思主义和社会主义，国外左翼政党和社会运动，世界马克思主义流派和思潮，等等。在研究中着重体现了以下方面的原则和特点：

一是加强对世界范围内马克思主义发展的全面系统研究。世界马克思主义流派众多，如何看待这些流派的性质和内容，如何在研究中以我为主、为我所用，是至关重要的问题。我们研究世界范围内的马克思主义，目的是服务于发展当代中国马克思主义、21世纪马克思主义，所以要以科学、辩证的态度，挖掘有价值的资源，吸收有益成果，拓展我们的视野，得到有意义的启示。习近平总书记指出：“对国外马克思主义研究新成果，我们要密切关注和研究，有分析、有鉴别，既不能采取一概排斥的态度，也不能搞全盘照搬。”[①]国外马克思主义研究内容庞杂，价值取向多元。有的思潮流派从总体上看是在马克思主义框架中研究问题，基本上属于马克思主义范畴；有的虽以“马克思主义”自称，但从实质上看偏离了马克思主义基本原理和价值取向；有的以“创新马克思主义”为旗号，实际上歪曲和否定马克思主义。为此我们要真正坚持马克思主义立场观点方法，区别根本性质，辨析基本观点，挖掘积极内容，并在具体的历史和社会条件下具体对待各个流派和思潮，用科学辩证的态度来研究和认识国外马克思主义。同时，结合当代马克思主义发展的理论需要和现实需要，坚持问题导向，注重吸收有益资源为我所用，通过比较鉴别获得启示，积极推动马克思主义的理论创新，推动21世纪马克思主义的发展。研究中应避免单一化、碎片化、片面化、抽象化、凝固化，秉持批判精神，既深度挖掘国外马克思主义和左翼思潮的合理内核，又分析其立场和方法的局限，认真吸收有益资源，为继续丰富发展马克思主义服务。

二是加强对重大理论和现实问题的研究。当前，全面推进世界马克思主义研究，有三个方面是相互联系、密不可分的：一是世界资本主义研究，二是世界社会主义研究，三是中国特色社会主义研究。只有坚持问题导向，把这三方面研究有机结合起来，才能全面地看问题，深刻掌握世界马克思主义和社会主义的发展现状和趋势。还有，研究中把关注的焦点集中在21世纪

① 《习近平谈治国理政》第2卷，外文出版社2017年版，第67页。

初世界资本主义与世界社会主义的新发展、新变化、新特征，关注两大制度之间在新的力量对比格局下的合作、竞争态势和趋势，关注资本主义危机对两大制度及其关系的影响，关注世界格局和世界体系的演变及走向，关注国外左翼及进步力量的应对战略策略新变化与实践活动新走向，等等，在研究重大理论和现实问题中推动世界马克思主义研究的发展。

三是加强对资本主义发展变化及其新特征的研究。习近平总书记在中共十八届中央政治局第四十三次集体学习时强调指出："当代世界马克思主义思潮，一个很重要的特点就是他们中很多人对资本主义结构性矛盾以及生产方式矛盾、阶级矛盾、社会矛盾等进行了批判性揭示，对资本主义危机、资本主义演进过程、资本主义新形态及本质进行了深入分析。这些观点有助于我们正确认识资本主义发展趋势和命运，准确把握当代资本主义新变化新特征，加深对当代资本主义变化趋势的理解。"[①] 当前，资本主义在经历新的危机后出现了许多全局性、根本性的变化，资本主义各种矛盾激化并深刻影响着世界政治经济格局。要通过全面深刻的研究，把握资本主义变化发展规律及其新特点，在"中国之治"和"西方之乱"的比较研究中，坚定中国特色社会主义的道路自信、理论自信、制度自信、文化自信。

四是加强对世界社会主义及其在 21 世纪新发展的研究。东欧剧变、苏联解体近 30 年了，经过时间沉淀、实践检验和历史过滤，在今天不断形成并凸显反映历史真相、趋于客观理性、揭示深层规律的经验教训的总结，意义重大，为 21 世纪世界社会主义的新发展和走向振兴提供了宝贵的历史借鉴。加强对国际共运史和东欧剧变、苏联解体的研究，可以以史为鉴，从世界社会主义的曲折发展中吸取教训，坚持和发展新时代中国特色社会主义。当前，中国特色社会主义成为世界社会主义发展的最大亮点，成为世界社会

① 《习近平谈治国理政》第 2 卷，外文出版社 2017 年版，第 67 页。

主义的标志性参照系。社会主义中国在世界东方的崛起，正在充分展示着社会主义的优越性、感召力和吸引力。中国在发展崛起中，最重要的是集中精力办好自己的事情，不断提高我们的综合国力，不断改善人民的生活，不断建设比资本主义具有优越性的社会主义，不断为我们赢得主动、赢得优势、赢得未来打下更加坚实的基础。在这样的时代背景下，加强中国特色社会主义与世界社会主义关系的研究，深入研究新时代中国特色社会主义的世界意义，对于21世纪马克思主义和世界社会主义的发展具有重大意义和贡献。

是为序。

姜　辉

2020年5月1日

目　录

上篇：对世界社会主义的重新思考

下篇：两德统一亲历记

上篇：对世界社会主义的重新思考

在北京第十届世界社会主义论坛上的演讲

（2019 年 11 月）

中华人民共和国于 1949 年 10 月 1 日成立。这不仅是中国人民的一个历史事件，而且对全世界具有重要意义。1945 年第二次世界大战结束后，帝国主义西方列强与苏联之间在中部欧洲展开冷战，中华人民共和国的成立对中欧而言同样具有重要意义。冷战冲突导致了德国分裂。在中华人民共和国成立的同一年，德意志联邦共和国和德意志民主共和国先后成立。联邦德国是西方列强为防范“共产主义扩张”而建立的桥头堡，而民主德国则是对此举作出的回应。尽管两德是平行的国家，但是联邦德国却自认为是德意志帝国的合法后身。民主德国则秉持了反法西斯的传统，始终自我定位是一个反法西斯的民主国家。斯大林曾经恰如其分地指出，民主德国的成立是“欧洲历史的一个转折”。

因此，1949 年不仅在亚洲，而且在欧洲意味着人类历史开始了一个新时代。

70年之后，有必要回顾一下过往的历史。在这里，人们谈论的是新时代的中国社会主义——而在我的家乡，苏联模式的社会主义于30年前就失败了。

我与中华人民共和国的最初交往，是在20世纪50年代。先是在柏林世界民主青年联盟大会上认识了胡耀邦，继而在莫斯科共青团高校与他共同学习了一年，尔后又于1959年11—12月率领民主德国青年团考察团访问了中国共产主义青年团。在此次访问结束时，我与胡耀邦进行了一次较长时间的会谈。当时是中国的一个时代转换期，接着就开始了两国关系的“空窗期”。

20世纪80年代中期，民主德国与中国之间开始了新的接触。埃里希·昂纳克于1986年访问了中国。时任中国总理于1987年访问了民主德国。

我在德累斯顿接待中国总理时，他邀请我再次访问中国。

当我们今天谈论习近平新时代中国特色社会主义思想时，我的理解是，这一思想来自对中国现实的分析，来自马克思主义理论，来自对邓小平认知的理解与赞赏，来自对毛泽东经验的创造性发展。

自1990年以来，世界发生了根本性的改变。对此，中华人民共和国和中国共产党作出了卓越的贡献。100多年前，伟大的十月革命在俄国取得胜利。在列宁的领导下，成立了全球第一个社会主义国家——苏联。弗拉基米尔·列宁继承了卡尔·马克思的理论，认为社会主义若想获得成功，必须首先在全球实现社会主义。但是当时的俄国人民群众要求获得和平与面包，因此以革命行动推翻了沙皇制度——此举发展了马克思的理论。

于是，在世界1/6的土地上成立了社会主义国家。列宁去世后，他的后任们发展了他的理论，即认为社会主义建设即使在一个国家内也可以获得成功。他们把苏联模式说成社会主义唯一可能实现的、唯一正确的模式，莫斯科从而把自己标榜为人类进步的唯一先锋，无视其他政党的经验。他们的做法不仅篡改了马克思和列宁的理论，而且当其他政党和人民对苏联模式提出批评或偏离其“路线”时，则受到公然的伤害。苏联的做法使全世界社会主义理想丧失了信誉。

中国共产党，尤其是习近平总书记，从苏联的历史中吸取了教训，也从本党的历史中吸取了教训，创造性地继承和发展了我们的传统理论，不断地探索应对今天与未来面临之各种挑战的崭新答案。他们不仅在国内这样做，而且也在国际层面身体力行。

我常常以古巴为例坚定自己的信念。古巴将中国经验视为本国革命进程的动力，其做法拥有巨大益处。古巴人把来自北京的思想视为激励，而不是模式。

如今人们在问：为什么中国能够成为全世界最成功的社会主义国家？当然不是因为中国共产党不犯错误——自新中国成立 70 年来，它在革命的“长征”道路上像其他各国一样犯过错误。只要踏上新的疆域，就难免会有坎坷崎岖。

在德国统一社会党与中国共产党的关系、民主德国与中华人民共和国的关系冷却和疏远的年代里，我们或许过多地关注错误，却忽视了各种进步。当邓小平于 1978 年推动改革开放政策时，我们也有过保留意见。在我们这一代人当中，不少人有过艰难的经历，因为当柏林墙 1961 年关闭了华约与北约边界以后，民主德国也见识和参与过“计划与指导下的新经济体制”。那是瓦尔特·乌布利希担任民主德国统一社会党中央第一书记、国务委员会主席、国防委员会主席的时代。

通常情况下，激烈的改革总会遭遇抵触与反抗，因为并非每一种革新都意味着进步。我只想举一个“大跃进”年代的例子，那场运动仅仅过了短短几年时间就被本国内部作为错误政策予以终止了。民主德国的新经济体制也被中断了——但并非因为那是一个错误决策，而是因为这一政策创造性地进一步发展了社会主义的民主和经济。乌布利希于1971年被推翻，民主德国被迫重新退回到苏联模式，而这种模式早就已经导致民主与经济的长期停滞。

中国却没有停止探索与改革的步伐。邓小平是最伟大的首创者。他强调：贫穷不是社会主义。社会主义的目标更加远大，首先必须摆脱贫穷。如果我们不发展生产力和提高人民的生活水平，就无法满足社会主义的要求。

习近平在中国共产党第十九全国次代表大会上所作的报告，在全世界引起高度关注。他在报告中展示了中国特色社会主义已经取得的成就，强调了面临的挑战，从而要求凝聚更大的力量，明确进一步发展的方向。他的报告引起我许多思考，例如正在进入发展的“新时代”。

1959年，我在对中国进行考察访问时经历了“大跃进”时代，经历了现实生活中尤其是农村的深刻矛盾。各个村庄的许多炼钢小高炉，与武汉现代化钢铁厂构成的强烈对比特别醒目。那是一个历史断面，很快又导致了“文化大革命”及其危害。面对后来的改革开放政策，苏联和德国统一社会党领导层都持十分保守的立场。

当我1987年再次访问中国时，有了全新的印象。那个落后的中国已经不复存在，人们探寻新征途的努力给我留下了深刻印象。我在访华后写的一篇报告，未能获准在民主德国发表，因为此文可能引发我国呼吁改革的呼声。

当民主德国1989年10月7日庆祝建国40周年时，缺乏勇气进行批判性的创见性的分析。与中国完全不同。中共十九大在讨论习近平报告时描述了中国特色社会主义新时代面临的各种挑战。

在俄罗斯和东欧地区，仍然有一些力量与中国密切联系，以同情的目光关注着中国道路的讨论和结论，始终不断地给予团结声援。之所以给予声援，是因为反共势力正在世界范围内诋毁与贬损中国的发展和成就，充满了仇恨与阴谋。他们不惜采取各种贸易战和制裁措施。对这些伎俩，我们早在冷战时期就一再领教过了。

国际秩序正处于一个深刻、危险的动荡之中。资本主义世界已经陷入一片混乱的困境。当年的冷战十分危险，我们曾多次濒临热战，但外交和理智最终还是制止了战争的最后步伐。然而在当今政治中，理智和外交似乎已经缺失。在少数一些国家内，本国利益已经凌驾于万国之上，他们视统治阶层的阶级利益至上。

在欧洲社会主义各国消亡之后，帝国主义列强立即推行其阶级利益。跨大西洋军事联盟（北约组织）不断地向东部扩张——违背了他们的口头承诺。苏联党和国家领导人戈尔巴乔夫轻信了西方的承诺，没有坚持要求他们签署相应的书面协议。如今，德国的坦克已经驻扎在俄罗斯边界——如同 1941 年——这一次打的是北约的旗号。

当北约空袭南斯拉夫联邦共和国时，意味着欧洲自 1945 年以后再次爆发战争。1999 年 5 月 7 日，中国驻贝尔格莱德大使馆遭到轰炸。两名中国记者及其中一名记者的妻子牺牲，数十人受伤。

无论当时还是现在，这都是攻击性行为。中国谋求平衡的外交政策，谋求相互信任，不参加任何军事冲突。中国从不谋求侵略政策。

习近平在阿斯塔纳宣布的新时代“一带一路”倡议，是在国际秩序中一个有利于和平的经济政策因素。此举非但不像包括德国在内的西方常常强调的那样是对世界的威胁，其成果反而是对国际经济进步的贡献。新时代当然会有新问题。参与“一带一路”建设的沿线各国，有着不同的社会条件和利益。只有通过增进互信、照顾各方利益的途径，中国才能对必要的可持续发展产生积极影响，才能对“一带一路”沿线各国人民享受摆脱冲突与战争、和平共处产生积极的影响。

西方国家标榜所谓的“新闻自由”，攻击中国缺乏这样的“自由”。西方媒体散布的是统治阶级的声音，几乎从不客观反映中国的发展情况。每当媒体出现“社会主义”的概念时，就会被当作阶级斗争的工具。在德国的媒体中，也以特殊的方式存在着这样的现象。

对于越来越多的民众而言，已经难以支付正常住房的租金。当年的民主德国，公民只需支付收入的 8%—10% 用于租金，如今却要支付收入的大约 40% 甚至更多。人们为了争取能够承担的租金待遇，其努力却被指称为想回到东德时代。

阶级斗争的核心内容是“统一社会党专制”和“民主”的概念。社会主义这一概念已经被媒体用来篡改历史，否则就避而不用，因为它对现实资本主义的猛兽般嗜血效应构成了一个挑战。正是由于这个原因，对中国历史的现实描述被歪曲和扭曲。

中共十九大和中国特色社会主义新时代，既是一个挑战，也是为国际社会主义提供了一个机遇。西方诽谤说中国威胁不断增长，渲染恐惧心理，从而为其帝国主义行径寻找证据，为其侵略性寻找理由。欧洲左翼力量若想最终克服其危机并达成稳定态势，就必须面对一项任务，即在社会公众舆论中承受社会主义特点的担当。《共产党宣言》和马克思、恩格斯的思想就必须始终与我们为伍，时刻给我们力量，指引我们方向。

但是，重新起步的基础并不仅仅在于我们自身。我们时代的矛盾并不仅仅是资本与劳动的对立、剥削与贫富差距的现实。而是始终围绕着一个问题：人们为了生活和存活在这个世界上，究竟需要什么样的社会制度？问题提出了一大堆，却至今找不到解决的良方。看一看气候问题带来的大量新恶果，人们急迫需要解决问题的良方。

如果我们今天谈论世界社会主义，就不能指望一种“放之四海而皆准”的模式。然而，在探索社会主义前景的答案时，中国特色社会主义却是新时代的一个重要楷模。

中华人民共和国的历史并非一帆风顺、毫无坎坷。它有时会使人浑然不解，有时会令人敬而远之。但是不容忽视的是，中国持续地探索落后的原因，察觉所犯的错误，并在前进的道路上加以纠正。中国敢于探索新道路、迈上新征程的勇气，无论过去还是现在，都给我们留下了深刻印象。中国共产党的努力，不仅仅是为了人民，而且是与人民同思想、同行动。这些政策上的要素，恰恰是我们民主德国末期所缺乏的。

认识的要素来源于对比和观察。在自身发展进程中，民主德国的对比与观察做得不够。但是如今却可以成为被观察的反面教材。20 世纪 60 年代中期，瓦尔特· 乌布利希曾经试图在民主德国探寻和实施改革的道路。他想推行计划与指导下的新经济体制，从而在发展和革新中摆脱苏联模式。苏联拒绝给予他改革的空间，于是埃里希· 昂纳克及其同伙推翻了瓦尔特·乌布利希。戈尔巴乔夫的新思维原本是要指出一条改革道路，结果却引入了覆灭的湍流。两个国家的消亡，我都亲身经历过。

国际社会主义左翼力量面临着机遇，承担着义务，应当重新思考社会主义。我们面对着各种挑战，应当在全世界重新展开对社会主义发展的相互团结援助。

答中国社会科学院马克思主义研究记者问

（2019 年 8 月）

记者问：怎样评价 30 年来本国发展的状况？

莫德罗答：民主德国于 1990 年告别了世界历史。对那些建设这个国家长达 40 年、对她的前途充满信任的德国人来说，这是一个巨大的损失。不仅如此。对欧洲的战后历史而言，两个德国并立历史的终结也是一个重大的转折。由此而产生的那个更大规模的德国，自此始终在谋求表述和贯彻对欧洲大陆的领导权。德国的统治者不仅在经济和金融方面谋求可能性，而且也在以外交政策的军事化来贯彻其大国利益。30 年前曾经信誓旦旦地声明，德国要成为一个欧洲的德国，亦即德国的统一进程要与欧洲发展融为一体，事实却证明，这是旨在宣传的谎言。其目标已经日益明确，即谋求一个德国的欧洲，亦即德国要在政治和经济上统治欧洲大陆。

从这个视角看，德国已经有着一定的传统了。只有从历史发展的角度去审视，才能够理解德国的做法。

德国产生于德法战争：1871 年，当各个殖民大国已经瓜分世界完毕之后，德意志民族国家才刚刚成立。1914—1918 年的世界大战，是对世界的重新瓜分。结果是德国战败，不得不做出战争赔偿，尽管其他帝国主义战争大国的罪责也不比德国小。德国的大资产阶级为了报复，于 1933 年建立了法西斯专制，一是为了修正第一次世界大战的结局，二是试图霸占世界统治权。希特勒帝国于 1939—1945 年发动了一场侵略性与毁灭性的战争，导致 6000 多万人牺牲。

战果卓著的反希特勒联盟各主要国家，在德黑兰（1943）、雅尔塔（1945）和波茨坦（1945）决定了欧洲战后的秩序。但是，以苏联为一边、西方各国为另一边的政治对峙，导致了冷战的发生。在欧洲，最明显的标志就是德国的分裂，也就是在德国出现了两个国家。与此同时，在亚洲成立了中华人民共和国。

德意志联邦共和国（联邦德国）早就声称自己是第三帝国，也就是德意志帝国的唯一法律后身，由此引申出以下要求：一是有权代表所有德意志人说话和行事——包括代表生活在德意志民主共和国的东德人；二是必须把这些东德人从“共产党的枷锁中”解放出来。然而，他们只有在修正 1945 年《波茨坦协定》制定的战后秩序的前提下，才能实现这种可能性。

以戈尔巴乔夫为首的东方大国开启了这条道路。

苏联不仅放弃了华约联盟，而且遗弃了民主德国。当我 1989 年 11 月当选总理时，灭亡之旅已经开启。我踏上了向前涌动的潮流，提出了两德合一前景的“三步走”计划，主要目的是尽量确保东德公民的基本权利和财产关系。许多目标达成了，但是基本原则却无法满足。例如，我们不希望北约驻扎在民主德国的领土上，统一后的德国最好成为军事中立国家。民主德国应当退出华约，而联邦德国应当退出北约。

事实证明，戈尔巴乔夫居然相信西方政治家的口头声明，即北约不会向东扩张。他没有要求西方把承诺落实为书面协议。如今，北约已经抵达俄罗斯边界。德国士兵“保卫着”波罗的海各国，防范所谓的“俄罗斯侵略者”。德国士兵再次抵达德意志帝国国防军 1941 年在第二次世界大战时到达的地方。

回顾 30 年来的历史发展，人们不能不冷静地察觉到：1989 年和 1990 年的所谓“德国重新统一”，实际上是美国对欧洲战后秩序的修正这一战略进攻的副产品。美国与西德的统治阶级一道，将俄罗斯人抛出了中欧地区，将他们逼回了自己的领土。

无论过去还是现在，德国已经证明自己是美国的忠实奴仆。德国的行为甚至违背了本国的经济利益，他们不仅参与了美国下令实施的制裁行动，而且有助于在欧洲贯彻自己的大国野心。德国政府从而在战略上有利于美国的利益，却损害了德国的民族利益。俾斯麦在 1871 年希望建立的欧洲平衡，如今已经付之东流。人们在 20 世纪 70 年代、80 年代的冷战中创造的集体安全体系，如今已经不复存在。德国政府唯美国马首是瞻，将其军费支出提高至 720 亿欧元。欧洲大陆和德国的左翼力量受到了严重的削弱。在 2018 年的最后一次欧洲大选中，欧洲左翼政党丢失了在布鲁塞尔议会 20% 的议席；德国左翼党只获得了本国选票的 5.5%。

记者问：习近平新时代中国特色社会主义思想的世界意义和国际影响是什么？

莫德罗答：在我们谈论新时代之前，我想先说一件历史往事。

我与中华人民共和国的初次交往是在很久之前。1959 年 11—12 月，我以自由德国青年联盟中央委员会书记的身份，奉命率领一个五人代表团来华考察青年工作。我们也参加了北京市郊密云水库的建设劳动。在为期数周的访问结束之后，我与中国共青团中央总书记胡耀邦进行了一次谈话。我们当时并不知道，我们将是访问中国的最后一个德国青年联盟代表团。当中国共产党中央总书记胡耀邦后来在北京欢迎民主德国党和国家领导人埃里希·昂纳克时，时光已经过去了 27 年。二人是在世界民主青年联合会相识的。我们当年带回柏林的经验结晶，十分丰富多彩。之后，由于莫斯科的原因，柏林与北京之间的良好关系中断了。苏联共产党希望其盟友与中国共产党的关系不要超过苏共自身。因为苏共与中共的关系不好，所以民主德国和统一社会党不能与中国和中共保持良好关系。20 世纪 80 年代，柏林违背了莫斯科的愿望，因而导致戈尔巴乔夫十分恼火。埃里希·昂纳克于 1986 年对北京进行国事访问，并于 1987 年 5 月在民主德国接待了来自北京的一个高级代表团。这个代表团也到访了德累斯顿，我以统一社会党专区第一书记的身份陪同中国客人参观了多个现代化企业。此举导致我应邀于 1988 年 5 月回访中华人民共和国。这是我在几乎 30 年之后再次访华。此时，我经历的是一个面貌一新的中国。

后来，我以各种身份经常访问中国，每次都怀抱巨大的好奇心，来到不同的地区，考察这个国家的崛起。

在我看来，中国取得的巨大成就，毫无疑问只有在中国共产党智慧、坚强的领导下才有可能取得。中国特色社会主义取得的成就具有模范作用，是邓小平建立在马克思主义的认识与创造性运用的基础之上，并且进一步发展了马克思主义学说。

根据我的观察，习近平不仅是一位值得尊敬的继任者，而且也是这个十多亿人口大国的真正领导者。他是全世界最大政党的领袖，这个政党正在对当前乃至未来的各种问题给出创造性的答案。在世界政治纷乱、国际关系缺失信任与可靠的当今之世，北京始终是一个可以预测的因素。中国的榜样，激励着那些正在寻找自主权的政党和国家，因为他们知道，中国是一个诚实可靠的伙伴。社会主义在中国的卓越成就，对全世界具有巨大意义，从而证明西方 1989—1990 年声称的社会主义思想已经终结的说法是错误的。社会主义没有死亡，失败的只是欧洲的苏联模式。

记者问：中国为什么能成为世界上最成功的社会主义国家？

莫德罗答：其原因是：第一，中国总是能够从自身错误中学习改进。第二，中国共产党始终坚持马克思主义原则。即使有时淡出了视线——我在这里冒昧地举例“文化大革命”和“大跃进”等错误时刻——党的领导层也能够重新回到马克思主义的立场上来，并一如既往地用马克思主义方式有效地分析资产阶级经济学。第三，中国共产党有一位天才的战略家邓小平。正如西方所知——他开启了改革开放政策，并且十分中肯地察觉到，为了推进社会主义，必须比以往更多地利用资本主义体制中潜在的能量。社会主义的意义在于保障人们的和平、尊严和福祉。换言之，正如邓小平所说：“贫穷不是社会主义，社会主义要消灭贫穷。不发展生产力，不提高人民的生活水平，不能说是符合社会主义要求的。”

得益于邓小平首创的政策，数亿中国人脱贫致富。这一事实在世界历史上没有先例。亚洲的另一个十多亿人口的国家，其出发点与中华人民共和国成立之初基本类似。全世界最大的穷人居住区，例如在印度和其他许多国家存在的孟买等贫民区，如今早就在中国绝迹了。

在世界其他地区也存在着天才的战略家和思想家。他们的思想原本也可以引领人类前行——如果他们的思想能够打动广大群众，正如列宁曾经描述的那样。但是，如果没有一支社会的力量，思想只能停留在思想。必须将思想加以贯彻，让思想成为现实。只有当一个纲领成为行动的指南，被广大群众认可为日常生活的行为准则时，思想才能结出果实。这一切不会从天而降。为此需要一支政治力量，它应当能够集中精力地、灵活变通地组织群众、教育群众、引导和指挥群众。不能指望一蹴而就，而是应当拥有毅力和耐心。这就是政党的作用。社会必须有组织，否则就会出现无政府状态。

或许中国人的情感特质对此有着很大的助益，对此我了解得太少。在欧洲，资本主义意味着尔虞我诈的情感方式，突出的是自私自利和强权法则，而中国却比我们更加重视集体的力量。个人的权利和需求固然也应当得到重视，但是社会上大多数人的利益应当高于少数人甚至个别人的利益和需求。

当中国共产党的改革政策取得显而易见的成就时，戈尔巴乔夫的所谓“改革”却成了灾难，无论他的初衷是不是改革政策。戈氏的“成就”寻常可见：货架上空空如也。所谓的改革，实际上是摧毁现存的政治体制。中国共产党却将现有体制作为驱动社会变革的发动机，改革并不是排除政党，而是依靠政党、协同政党。二者有着天壤之别。

记者问：新时代中国特色社会主义有哪些成就？

莫德罗答：对这个问题的解答，中国人能够比我们给出更好的答案。我生活在中欧地区，德国媒体对中国的报道是抱有偏见的。第一，媒体的立场是反共的。第二，媒体总是以欧洲为中心，也就是说，无论世界上发生什么事件——包括在中国发生的变化——统统用欧洲标准去加以衡量。我们的社会存在着不能实事求是看世界的反常现象。如果其他国家的组织机构与所谓的欧洲民主不相同，就得不到尊重，而是横加批判。

尽管存在着这样的原则性问题，但是习近平在中国共产党第十九次全国代表大会上的报告也在这里广为人知。人们不得不认可报告中列举的成绩单，不得不认可习近平针对未来几十年提出的各项目标——标志着新时代中国特色社会主义的里程碑。针对 2049 年的各项数据构成的巨大挑战，也在欧洲广为人知。这将是一项巨大的工程。要想卓有成效地达成这些目标，必须拥有和平的环境——包括国内和国际的和平环境。这是最重要的前提条件。如果党在这个方面同样作出巨大努力，就能够抵御侵略性和黩武主义的指责，就可以恰如其分地反驳其他国家的战争叫嚣。

如果习近平宣布的路线能够得到遵行——中国的朋友们对此几乎毫不怀疑——这就给世界其他各大洲的社会主义带来光明前景。充满吸引力的、人道博爱的中国社会主义，将激励世界各国人民探索本国的社会主义道路。他们将对中华人民共和国的发展给予越来越多的团结支持，并伴随着对本国帝国主义现状的坚定斗争。

记者问：一个成功的社会主义中国对国际秩序会产生哪些影响？

莫德罗答：我在上一题的答案中已经有所暗示。中国社会主义发展成就与世界的变化存在着辩证的关系。量变不会在短时间内达成一种新质量的质变。在此，我想起了邓小平 1989 年在回答欧洲记者提问时给出的一个答案。当时那位记者问他如何评价 1789 年的法国大革命。他的回答是，对此作出最终定论还为时过早。他的回答引起了一片笑声，因为 200 年毕竟已经是一个很长的时段了。然而邓小平的确有意识地作出了这个比较聪明的回答，以说明必须经过多少时间来持续地改变人们的社会意识。在此，我还回忆起 1961 年秋天苏共中央在第二十二次代表大会上提出的一个政党纲领，即宣布苏联很快就要过渡到共产主义阶段了。十月革命刚刚过去不到 50 年，而且在经历一场世界大战后根本还没有建立社会主义社会的经济和政治基础……

现实的国际秩序正处于一个变革阶段，我们地球的生活遭受着显而易见的威胁。有人断言，资本主义社会正在陷入一片混乱。马克思在他的《资本论》中引用了托·约·邓宁一段十分贴切的描述："资本逃避动乱和纷争，它的本性是胆怯的。这是真的，但还不是全部真理。资本害怕没有利润或利润太少，就像自然界害怕真空一样。一旦有适当的利润，资本就胆大起来。如果有 10% 的利润，它就保证到处被使用；有 20% 的利润，它就活跃起来；有

50% 的利润，它就铤而走险；为了 100% 的利润，它就敢践踏一切人间法律；有 300% 的利润，它就敢犯任何罪行，甚至冒绞首的危险。如果动乱和纷争能带来利润，他就会鼓励动乱和纷争。"《资本论》所描述的动乱与纷争对利润追逐者的刺激作用，导致诸多冲突的根本原因，当今之世，这样的事例比比皆是，不胜枚举。包括在香港。

战争一如既往是政治延伸的另一种手段。在帝国主义世界中概无例外。马克思在他的《资本论》中写道："资本来到人世间，从头到脚，每个毛孔都滴着血和肮脏的东西。"资本很可能也将以这种方式走向失败。因此，存在着一个拥有社会主义特色的军事大国，对限制嗜血的帝国主义强权具有十分重要的意义。

因此，北京执行的沉稳、审慎、理智的政策对世界政治发挥着积极的作用。

中华人民共和国的外交政策寻求平衡、谋求互信，并不积极地介入冲突。

习近平在阿斯塔纳启动的新时代"一带一路"倡议，涉及国际秩序问题。这一倡议发出的不是威胁信号，与西方包括德国所渲染的威胁毫不相干。帝国主义宣传采取的蛊惑人心的做法，从美国研究机构 Rodium Group 2019 年春季发布的分析报告中就可以窥见一斑。

两年前，印度学者切拉尼（Chellaney）将中国的"一带一路"基础设施倡议公开谴责为"债务陷阱外交"。他指称，中国有针对性地向那些没有资金的国家提供贷款，从而使得这些国家产生依赖性，进而实现中国的地缘战略利益。他具体举例指称，中国海军用这种方式确保了对外国港口的通道，从而推进了军事扩张步伐。美国政府随即将"债务陷阱"这个概念提升为作战概念。美国国务卿迈克·蓬佩奥于 2019 年 3 月声称，北京利用"债务陷阱将一些国家置于债务境地，从而在这些国家赢得政治影响力，其做法已经不是商业行为，而是政治举措”。

这是一种虚伪，因为美国和其他帝国主义国家几十年来采取的正是他们所说的政治举措。且不论这一点，Rodium Group 对中国国家银行作出的调查居然得出了另外的结论。《法兰克福汇报》2019 年 5 月 6 日刊登的一篇评论认为：“在 40 宗案例的调查中，16 宗的债务被免除了，11 宗的债务偿还期限得到延长或者就中断偿债达成协议。此结果一方面证明，一旦欠债国存在偿债困难，北京完全愿意就此展开对话；另一方面后续谈判数量之高表明，中国资助的项目往往被证明在经济上难以拥有承受能力，从而导致强大的中国在偿债状况滞后的情况下并不握有杠杆的长端。例如，乌克兰拒绝提供曾经承诺的粮食，而委内瑞拉向中国输送石油的数量则远远低于双方事先商定的额度。因此，无法证明北京能够获得地缘战略上的优势。”

位于美国巴尔的摩的约翰霍普金斯大学，设有一个中国－非洲研究团队，长期以来专门研究中国在全世界的金融流向。该团队在为《纽约时报》撰写的一篇报告中指出，17 个目前陷入债务危机的非洲国家中，只有 3 个是中国的债务国。

在所有这些调查中，并没有涉及西方的利益所在，并没有涉及西方是如何贯彻其自身利益的问题。为什么呢？他们的调查目的是针对社会主义中国对世界的影响力——帝国主义的宣传为达此目的竭尽妖魔化中国之能事。

记者问：中国高举社会主义旗帜对世界社会主义有什么样的意义？中国在世界社会主义的发展中扮演着怎样的角色？

莫德罗答：这个问题牵涉到社会主义历史的许多问题。

马克思曾经认为，社会主义将在全世界展开，而不是局限于个别国家。十月革命作为榜样，虽然在欧洲引发了革命，但是没有带来经济上的变革，仅仅停留在苏俄国度。列宁则认为——苏俄毕竟占据地球的 1/6 国土——所以或许也可以在一个国家内建设社会主义。这些原始理论本身就存在着矛盾，尔后又被现实所超越。

第二次世界大战后出现了一个机遇，一些国家在苏联的盾牌保护下走上了社会主义道路。苏联确实给予高度重视，希望那些东欧国家以“人类进步的先锋”为榜样跟随苏联。东欧国家当时没有偏离苏联的模式。

出于各种原因，苏联模式失败了。事实证明，“一国模式”无法适用于其他国家。这种事例也证明了列宁的理论。许多人认为，苏联已经取得了众所周知的发展成就，因为列宁向一个落后的国家引入了西方哲学模式。事实上恰恰相反：列宁从欧洲思想财富中汲取了非常具有俄罗斯特点的创造性。他基于自身的革命经验，发展了马克思主义的列宁模式。列宁的接班人们继承了他的理论，却又日益背离他的理论。向其他国家“逆向移植”的结果已经被证明十分不幸。

我们能够从欧洲社会主义的沦亡中吸取教训，那就是：每一个国家都有自己的独特条件，在社会主义建设道路上必须时刻顾及本国特点。因此，不可能存在一种万能的社会主义模式。我们可以和必须互相学习，我们可以和必须互相交流，如何在现有条件下将理论基础运用到实践中去。若想实现革命性的变革，若要建设一个新社会，不存在现成的图纸。然而我早就说过，一种行之有效的、成绩卓越的社会主义社会的存在，具有很大的助益，具有很大的激励作用。

记者问：德国人民如何看待社会主义？如何看待中国？

莫德罗答：德国人口只有 8000 多万，相当于中华人民共和国人口的十几分之一。但是，很难概括德国“人民”如何观察中国的社会主义。因为首先一点，东德人——也就是生活在前民主德国地区的德国人，与西德人的看法就不一样。当我们民主德国在 20 世纪 50 年代高唱《东方红》歌曲时，当我们作为国际主义者十分同情世界另一端的中华人民共和国的发展时，联邦德国的公开立场截然不同，西德人把美国理解为“自由与民主”唯一和真正的家园。所谓的西方化取向，导致西德人不得不对世界的另一部分几乎不感兴趣，或者根本就不感兴趣。

1989—1990 年以来，德国出生了许多人。可以这么说，大约一半德国人没有经历过两德分治的时代，或者已经没有栩栩如生的记忆了。这就是说，大约一半东德人——大约不到 800 万人，对中国有着绝对正面的印象——只要他们对当年民主德国的社会主义还抱有正面的印象。但是，大多数德国人仍然带有反共的眼光，只不过被经济实用主义所掩盖着而已。因此可以得出结论：中国的经济实力是受到尊重和认可的最重要因素。至于中国政策的其他要素——裁减军队、科学成就、积极参与国际舞台等——更多地被视为中国所作的宣传。与此同时，他们一如既往地还在高调抨击所谓的侵犯人权、压迫少数民族、监视公众生活或监控媒体等问题。大多数德国人的视线受到了德国国家宣传机器给出画面的影响。

但在经济和贸易关系上却恰恰相反。保守党基民盟政府在过去几年内对经贸关系十分投入，这就使得意识形态与经济之间的落差十分明显。默克尔总理几乎每年都率领一个庞大的经济代表团访问北京，此举受到不同方面的尖锐批评。赫尔穆特·科尔（基民盟）在 1982—1998 年担任总理期间从未访问过中国，直到 1999 年才应邀访华。[①] 他的前任赫尔穆特·施密特（社民党）在 1974—1982 年担任西德政府首脑期间，始终把自己视为中国人民的朋友。当他 2015 年去世之后，习近平赞扬他在 40 年前作为第一位西德总理访问中国，从而打开了“合作大门”。然而，在德国的媒体上却是另一番景象：在中国的民权主义者看来，施密特也是一个有争议的人物。他们批判施

① 这段话与事实有违。科尔自 1982 年开始担任总理，在 1998 年落选总理之前的 16 年内曾经 4 次访华。——译者注

密特对北京领导人侵犯人权的做法给予了很大程度的理解，也批判了他对西方人 1989 年 6 月 4 日事件后的教师爷做法的批评，批判他对暴力行为的开脱言论。[①]

仅仅从上述观点就可以看出，德国对中国和中国特色社会主义的看法有着显而易见的矛盾性。

记者问：为什么西方媒体对中国特色社会主义抱有偏见？

莫德罗答：德国号称是一个保护言论自由的国家，在它的基本法——德国宪法的称谓——中第 5 款写道："每个人都有权利以语言、文字和图片形式自由表达和扩散自己的意见，可以从通常可及的各种来源不受阻碍地获取信息。媒体自由和以广播和电影方式进行报道的自由可以得到保障，不得进行新闻审查。"

当然，若想将自由表述的意见传达至大多数人，就需要经过媒体。新闻周刊《明镜》早在 1965 年 3 月 5 日就写道："媒体自由是 200 个最富有的富人散布其言论的自由。只有富人才有自由。"

这一点迄今没有多少改变。

此外，德国从本质上看是一个保守的国家，其国家纲领具有反共特点。凡是有人提出涉及体制的问题，也就是质疑资本主义体制，就会受到公开的谴责。例如，左翼党前主席格西内·勒奇曾在 2011 年初的一篇报纸文章中写道："左翼人士找到了多少条走不通的道路？100 条还是 1000 条？肯定不是 10000 条！这正是问题所在！我们总是过多地在地图上纸上谈兵。要想找到通过共产主义的道路，我们必须亲自上路，必须进行尝试，无论是在反对党的位置上还是在政府内。"

---

① 参见 2015 年 11 月 11 日《世界报》的报道。

此言一出，舆论哗然。基民盟秘书长海尔曼·格雅指称这段言论是“骇人听闻的共产主义渴望”，“是对这一蔑视人类的意识形态的所有牺牲者的直接打脸”。再引用一句这个格雅的言论：“谁在德国统一 20 年之后还在梦想着按照罗莎·卢森堡的计划‘夺取政权’，并且进行体制更替的宣传，说明他根本就没有从共产主义血腥历史中吸取教训。”

另一个保守政党基社盟的秘书长则指称左翼党“直至领导层都拥有一种敌视宪法的思想”。

资产阶级大报《法兰克福汇报》于 2011 年 1 月 5 日刊登大字标题：《格西内·勒奇在为共产主义辩护》。

这种头条新闻就是要把你置于死地而后快。

卡尔·马克思在 1875 年撰写的《哥达纲领批判》一书中写道：“在资本主义社会和共产主义社会之间，有一个从前者变为后者的革命转换阶段。同这个时期相适应的也有一个政治上的过渡时期，这个时期的国家只能是无产阶级的革命专政。”在这个意义上，民主德国当年认为本国已经处于无产阶级专政阶段。我们的失败给所有反共人士带来了一个论据，即“无产阶级专政”——也就是社会主义社会——乃是反人类的坏东西。温斯顿·丘吉尔没有这样说，而是如此表述：“民主是所有国家形式中最坏的形式，但是目前还没有比它好的形式。”

且不论社会主义与民主是否相互排斥（正如当年面对现实存在的社会主义的立场，在反共的德国媒体看来，中国特色社会主义也是反民主的），事实是：德国的统治阶级仍然不容质疑德国现有的社会体制。从属于统治阶级的媒体，迄今为止仍然十分有效地维护着这个社会体制，尽管媒体的可信度已经逐步丧失殆尽。

记者问：东欧剧变、苏联解体 30 年，世界社会主义是否走出了低潮？

世界社会主义复兴的依据是什么？

莫德罗答：希望是一码事，现实是另一码事。欧洲社会主义的失败仍在继续，在我看来，这种颓势仍然没变。将社会主义写在大旗上的政党已经消失，其后继组织的社会影响力已经式微。就连那些常常被视为资本主义病人身旁护理员角色的各国社会民主党，也处于消退阶段：人们已经不再需要他们。资本主义正在所有层面和所有领域中进行复辟，在他们看来，取得了很大成就。

尽管社会主义中国已经成为一个世界大国，尽管还有几个小国仍然把社会主义写在他们的大旗上，但是我并不认为社会主义已经“走出低潮”。我们现在仍然面临着布莱希特曾经描述的低谷辛劳。我们必须赢得有别于资本主义的另一种社会选项。尽管资本主义体制如今正在把人类引向自我毁灭的深渊，但是取而代之依然不是一件容易的事。对资源的疯狂掠夺，对空气的毒化，使海洋垃圾堆积，为数众多的战争与冲突，各国人民的贫困化……凡此种种仍然在继续蔓延。更有甚者，为数不少身居高位的政治家们，正在以其自我毁灭的愚蠢行为加速这一颓势。

世界政治发生决定性转折的时机原本已经成熟，但是这并不意味着转折很快就会发生。只要目前这样成功地操纵公共舆论的做法依然得逞，理智就无法得到贯彻。对此我持悲观态度。我们现在的观点一如当年的马克思：革命只能是难以实现的希望。

1998 年，我在智利会见了智利共产党总书记博洛迪亚·泰特尔博伊姆。他要求我鼓起勇气重新考虑社会主义。在与菲德尔·卡斯特罗的联盟下，查韦斯曾经扩散建立 21 世纪社会主义的勇气。在寻找社会主义前景的努力中，中国正在提供一种有益的激励。

记者问：今年是新中国成立 70 周年，您对中国的未来发展有哪些建议？

莫德罗答：第一，衷心祝贺。中华人民共和国成功地证明，已经有一种可以取代纯粹的资本主义的社会选项。第二，当苏联于1987年庆祝伟大的十月革命70周年时，其末日之光已经显现在地平线上。今日中国已经如此之强盛，超过了苏联的任何时期。我坚信，中国将会在2049年欢庆100周年生日，而且能够实现习近平在中国共产党第十九次党的代表大会上描绘的场景。

习近平2013年在亚太经合组织工商领导人峰会上的演讲中声明："中国是一个大国，决不能在根本性问题上出现颠覆性错误。"民主德国当年是一个小国，但是我们在原则性问题上犯了错误，原因是我们自视为世界上最伟大的民主德国。我不想再犯自以为是的错误：中国人不需要监护人，不需要别人为中国的未来指手画脚。凡是还没有完美完善的地方，本国人要比外国人更加清楚。列宁在他的著作《共产主义运动中的"左派"幼稚病》中有一段论述十分贴切，而我们在统一社会党内——正如一些经典学者所指出的那样——却始终忽略了这一点："公开承认错误，揭露犯错误的原因，分析产生错误的环境，仔细讨论改正错误的方法——这才是一个郑重的党的标志……"我认为，中国共产党是一个十分郑重的政党，她正在把中华人民共和国引导向一个安全的港湾。

在中国国际战略学会的演讲

（2019 年 10 月）

关于第一个问题：在民主德国沦亡过程中政府工作的作用及其政治、社会和经济原因。关于中东欧局势的转变以及历史进程中的国际因素。

在观察民主德国社会主义失败的原因时，首先应当回顾战后两个德国之一的民主德国的成立历史。

战胜国于 1945 年 8 月将德国划分为四个占领区，把柏林也划分为四个占领小区。

西方三国（美国、英国和法国）针对苏联的冷战，是以德国分裂为分别依赖于各个战胜国的两个国家作为开端的。这一进程实际上酝酿于 1946 年。

实施阶段则开始于 1948 年西方三国占领区建立货币联盟。之后又于 1949 年 9 月成立了德意志联邦共和国。

战胜国苏联则于 1949 年 10 月 7 日建立了德意志民主共和国，并把一部分占领权让渡给这个新建国家。其社会制度有别于苏联在中东欧国家建立的所谓“人民民主制度”，而是定义为“反法西斯民主制度”。执政党是统一社会党，这个党是1946年4月由德国共产党和德国社会民主党合并成立的。统一社会党在成立初期拥有140万党员，到1989年发展为230万党员。其理论权威人物为马克思和恩格斯，并尊奉为马克思主义。至于马克思列宁主义，则是在1950年的统一社会党第三届会议上才开始得到认可。不过，某些人认为应当算是开始于1949年的第一次党员代表大会。自此，标志着德国统一社会党成为一个新型政党。1946—1954年，威廉·皮克和奥托·格罗提渥二人是权力平等的党主席。1949年，瓦尔特·乌布利希被任命为该党总书记。1953—1971年，乌布利希成为统一社会党中央第一书记。埃里希·昂纳克是1971—1976年的第一书记，1976—1989年则改称为总书记。1989年10月，埃贡·克伦茨当选为总书记，任职8周。在此之前，克伦茨已经担任政治局委员14年。

在1952年召开的统一社会党第二次党员代表大会上，作出了按照苏联模式建设社会主义的决议。

20世纪60年代初，瓦尔特·乌布利希希望在民主德国引入并实施经济和社会革新。其要素如下：

1. 提高企业的自主责任程度。

2. 建立和扩大农业、手工业和住房建设的合作社所有制，以发掘其经济效率。

3. 不断提高企业的共同决定权。

4. 建立半国有制企业，亦即包含私有与国有成分的企业。

此举旨在限制计划与领导的过度集中制，探索现代化经济领导形式。

这种“新经济体制”（NÖS）是否能够提高社会主义国民经济的效益？经济效益究竟能够提高多少？一切都无法逆料。然而，试验过早地遭到了遏制。实际上这是民主德国社会主义经验探索，理应受到重视。在事态的发展过程中，埃里希·昂纳克站到了勃列日涅夫一边，瓦尔特·乌布利希被莫斯科要求辞职。乌布利希也曾经致力于社会福利金制度，当然是在经济实力能够承受的范畴内。但是，他的做法在政治局内受到了昂纳克等人的孤立，最终不得不屈从于苏联的压力而辞职。

在昂纳克当选统一社会党总书记之后，“新经济体制”进程被中断，重新回到了苏联模式。如今的新名词叫“经济政策与社会政策的统一”。在昂纳克的领导下，统一社会党领导层在社会领域内进行了多方面的改善，但是未能保障经济和科技进步的稳定与发展。

1975 年在赫尔辛基召开的欧洲和平与安全会议，给民主德国带来了短时间的政治稳定。民主德国在这一期间与全球 120 多个国家建立了外交关系。

20 世纪 80 年代初，民主德国开始了经济衰退的过程。这一经济形势也对政治和社会产生了强烈的影响。

戈尔巴乔夫当选苏共总书记后，开始了一个十分矛盾的阶段。改革看来是必要的挑战，在党内外以及知识分子乃至宗教界都获得了赞扬。但是统一社会党领导层，尤其是昂纳克本人，与莫斯科保持了距离。他的做法在某种程度上是有道理的，但是他在判断本国局势时却得出了错误的观点和评价。昂纳克说：“如果苏联能够达到我们的生活水平，我们再去尝试改革那种事。”他尽管强调党是为人民服务的，但是大多数人民根本就不再追随党——这一点他不愿意承认。政治局内部听不到反对的声音。任何有关根据民德条件进行改革的想法都被反驳回去。

统一社会党政治局内弥漫着一种观点：所有问题都是昂纳克一个人造成的。没有人认真分析经济、政治和社会的真实形势。1989 年 10 月 18 日，昂纳克在政治局宣布辞职，建议由克伦茨接任。

1989 年秋天，欧洲其他社会主义国家也爆发了一场政治体制的崩溃进程。

以戈尔巴乔夫为首的苏共和苏联，停止支持欧洲社会主义国家的伙伴执政党。有关国际问题，尤其是在关于德国的问题上，主导权已经被美国所掌控。在 1989 年秋天欧洲社会主义终结之后，苏联随之于 1990—1991 年完全解体。

苏联的社会主义模式，一方面以其中央集权式经济体制阻碍了科技创新和经济效益，另一方面以其限制性的信息政策和媒体政策阻碍了对社会问题的公开讨论。其结果在很大程度上导致执政党失去了民众的信任。由于执政党是无法通过选举罢免的，因此导致越来越多的国民从民主德国出走联邦德国，最终导致人们希望东德快速加入西德。

关于第二个问题：新的政党左翼党及其未来前景。关于资本主义和社会主义之间的现实矛盾和 21 世纪社会主义的前景。

（1989 年）10 月 18 日的中央会议，堪称一个历史性的转折，但是起初并没有起到作用。权力的集中（统一社会党总书记、国务委员会主席、国防委员会主席）过渡到了克伦茨一身。中央通过了昂纳克辞职的决定，并解除了负责经济工作的米塔克和负责宣传工作的海尔曼二人的政治局委员职务。克伦茨在当选总书记的同时，中央建议他接任其他两个职务。对此有过争议，有人建议由莫里茨·梅伯尔、曼弗雷德·埃瓦尔德和我——汉斯·莫德罗担任这些职务，但是遭到拒绝。由此，刚刚当选的克伦茨就已经失去了党内大多数人的信任，而在群众当中已经失去的信任当然也不可以赢回来。在统一社会党内部，崩溃的趋势在加剧。各个专区传来了要求中央辞职的声音。12 月 3 日，召开了一次特别党代会，包括总书记在内的党的领导同志被开除出党，希望以此挽救党的残部，因为党员人数已经从 230 万骤降至不足 100 万了。经过激烈的争论之后，挽救党的目的达到了，解散旧党建立新党的建议被否决。格雷戈尔·居西作为律师提出的观点是：党的财产必须得到保留。我——莫德罗的观点是：如果解散旧党，刚刚任命的政府将没有权利继续工作，给国家带来的后果将不堪设想。经过戏剧性的连夜讨论之后，决定旧党保留的同时采用新的党名，即统一社会党 / 民主社会主义党。克伦茨在 12 月 3 日被罢免总书记后，无法继续担任国务委员会主席，因而于 12 月 7 日被解职。

1990 年 2 月，统一社会党 / 民主社会主义党决定改名为民主社会主义党，简称民社党。

东德的民社党与西德的共产党之间，双方都没有展示合并的意愿。民社党直到两德统一之后才真正地成为全德政党。1990 年 12 月的统一后首次大选中，民社党在德国联邦议院赢得了 17 个席位。

但是在 2005 年之前，民社党在原西德地区始终没有站稳政治地盘，也没有能够吸引西德人入党。

2005 年德国联邦议院大选之前，西部德国的一个要求社会正义的组织，成立了一个新党，叫作“社会正义竞选选择”。民社党当时仍被视为前东德执政党的后身，其 7 万多名党员中大多数曾经是统一社会党党员。该竞选联盟是由左翼的社会民主党人和工会官员组建的。2005 年 5 月，民社党与竞选联盟平行参加了约 1600 万人口的北威州选举，双双落败。吸取此次竞选失败的教训，两党决定在当年的联邦大选中组成一个竞选联盟。结果，“左翼联盟”以 8.7% 的支持率获得联邦议院 54 个席位。竞选过程称为两党融合的进程，遂于 2006 年成立新党“左翼党”。

左翼党在尚未确定党纲的情况下，拟定了几条纲领性标准框架。左翼党至今还面临着更加准确地定义其党纲的挑战。迄今为止双方能够接受的共识是：左翼党必须在社民党的左侧占据一个位置。这个定调是正确的，但是还没有回答关于该党性质和特征的问题。左翼党当然是一个多元化的政党，但是没有明确地说出她的社会主义性质。然而，该党已经代表了反对资本主义的立场。一场有关社会主义的争论正在展开，起因是被称为 21 世纪社会主义思想的拉美社会主义所引发的。这场争论的核心问题如下：

1. 生产资料的所有制问题。

2. 民主与社会主义的结合。

3. 应当如何改变社会关系，以确保社会公正。

4. 国际团结声援的内容与形式。

5. 反对恐怖主义是一项政治任务，而不应采取伊拉克和阿富汗那样的战争手段。

出于民主德国的传统，左翼党的大多数党员对古巴、越南和中国有着很深的感情。这一点必须通过党的领导进一步得到增强。

左翼党有机会在下届联邦大选中获得最高可达10%的选票，并组成大约60人的议会党团。左翼党可以通过务实的政策，在各州议会和联邦议院施加政治影响力。同时还要更加关注并增强议会外的斗争。

2010年5月拟召开左翼党第一届党代会。会上面临多项任务：

1. 必须选举一个不按各发起党比例原则产生的新一届党的领导。

2. 必须定义并在政策上拟定左翼党在德意志联邦共和国社会中的位置。

3. 必须加强左翼党在反资本主义立场，并定向于21世纪社会主义。

德国左翼党有义务从欧洲左翼力量的严重危机中吸取教训。

关于第三个问题：对当今世界局势发展和国际新秩序挑战的思考。

世界局势的发展表明，人们在冷战结束后对和平与缓和的期待落空了。1989—1991年的所有希望和承诺并没有成为现实。一个军事联盟——华约解散了，另一个军事联盟——北约向东扩展了大约800公里，导致了一系列战争冲突。

在冷战时期的世界旧秩序中，由于两大军事集团之间的核武库产生的威慑平衡，阻止了两大联盟之间爆发战争。在当今的世界秩序中，只有一个超级大国和一个军事联盟——北约，缺少一个能够阻止帝国主义侵略性战争的制衡力量。

目前还有机会阻止 21 世纪爆发一场新的世界范围的大战。但是，如果国际社会错过了这种机会，局部战争就可能过渡至一场世界大战。

新自由主义的意识形态已经蔓延了 30 多年。其作用是急剧削减社会福利，并成为保障资本主义市场经济的国际手段。资本主义发达国家与发展中国家之间的差距，不仅在数量上进一步扩大，而且其剥削程度也在加大。现实存在的资本主义已经越来越明显地表现出它没有能力解决在这个地球上人类和平、生活与生存的问题。那个充满侵略性的北约必须解散。不断扩大的欧盟所展示的强化军事的趋势，已经昭然若揭。联合国必须改革并改组，以创造一个相互信任和确保安全的体制。

必须建立一个不含新自由主义色彩的新世界经济秩序。它应该能应对人类在地球上生存的挑战。这绝不意味着照搬拉丁美洲 21 世纪社会主义的理想，而是应当由欧洲本地希望从数百年压迫下解放出来的各国人民自己选择道路。

虽然我们今天并非处于一个革命的阶段，但是各国人民根据自身生活条件、生活经历越来越普遍地认识到，当今世界必须建立一个能够解决人类生存问题的新秩序。为此，需要汲取各国完全不同的经验和贡献。中华人民共和国的历史和经验，尤其是近期全面改革开放的年代和“一国两制”的政策，对全世界具有重大的意义。

如果德国左翼党不坚信当今世界必须根本性改变，就无法在社会中发挥应有的影响力，就无法胜任历史的挑战。左翼党目前还没有找到答案，也无法解答未来的方向性问题。

在两个战后出现的德国统一 25 周年之后，德国和欧洲进入了一个新的时代。德国已经成为欧洲的一个经济大国，并在北约占据着一个领先的位置。“二加四条约”[①]已经被抛弃了，德国的发展正在背离《波茨坦协定》的基本原则。

2016年5月，美国总统、法国总统、英国首相在联邦总理府与德国总理会晤。作为战胜德国法西斯的四大战胜国之一苏联的后身，俄罗斯被此次会晤视为敌人，并宣称将在其边境举行1990年以来最大规模的军事演习。战争和战争威胁重新成为政治的手段，而新德国也在其中。

德国乃至全欧洲的左翼党，无论它来自东欧还是西欧，都面临着竭尽全力阻止战争的挑战。

---

① “二加四条约”是1990年由东德、西德作为一方，与美国、苏联、英国、法国作为另外一方签署的，内容涉及德国统一问题，并申明德国新政府无须再作战争赔偿。

21 世纪社会主义与当今左翼对现实社会进程的选择[①]

（2010 年）

在最近几十年内，资本世界的态势发生了强烈的变化。其特征是，在社会主义阵营崩溃之后，大国之间的力量对比发生变化，世界政治的引力中心向亚洲转移，国际金融潜力游动，一些新的地区性大国在世界政治体制中的地位上升。这些变化对世界各地区左翼运动的发展产生了影响，对不同历史、经济和文化条件的国家产生了影响——不仅拉美地区，而且亚洲地区也发生了巨大的社会变化。中国、印度、巴基斯坦、新加坡和越南等国进入了政治舞台的前沿，同时又成为当今世界各种政治较量的战场。

如今若想讨论现代社会主义的理念，无论如何都绕不开中国。中国有着悠久的历史、古老的文明与文化，有着极大的幅员和十几亿的人口，有着当今经济与政治的世界

① 本文是莫德罗 2010 年所写的一篇文章的节选。

大国地位。若想与时俱进地理解社会主义，并且着眼于马克思社会主义研究的共性与个性，着眼于社会主义理想的实现，必须了解中国社会主义追求的重要特征。……与拉美社会主义运动不同之处是，中国的社会发展是由政治领导层引导的，并要求以可持续发展解决这个大国自身的社会问题，以解决人的需求，并以目标明确的合作性外交政策，为发展中国家和其他门槛国家展示格外绚丽的光芒。

中国共产党强调，不存在适用于所有国家、各个经济发展阶段的社会主义统一模式，每一个国家都应该从自身的具体条件出发，寻找自己的社会主义道路。中国的改革政策与开放路线，自 20 世纪 90 年代初以来发生了明显的变化。他们的出发点是借鉴资本主义社会有益的经营、管理方式，其落脚点是发现了社会主义政策的具体体现方式，亦即“中国特色的社会主义道路”……

根据社会主义目标定向，从理论角度来看，以下几个问题对评价社会主义发展趋势具有重要意义：

一、注意社会主义历史条件

正如赫尔穆特·彼得斯所书[①]，在各国通往社会主义的道路上，通常并没有明确的特殊起点条件。对一个国家的社会进行革命性改革时，必须了解其所有的民族特点，尤其是社会的特性和发展程度，这一点具有十分重要的意义。

像中国这样一个旧的社会体制中的物质与精神文化因素，对社会主义方向社会进步，在很大程度上发挥着影响作用。这类未经历过资本主义的国家

① 参见［德］赫尔穆特·彼得斯 2009 年所著《中华人民共和国——从中世纪到社会主义：探索涉浅滩》，埃森出版社。

具有特殊的起点条件，可以基于本身的理论和实践，寻找独特的社会主义发展道路，并且在过渡阶段创造物质、精神和文化条件。

正如中国旨在可持续发展的经济发展道路所证明的那样，其道路上伴随着为数众多的新的、不同的矛盾，这些矛盾必须在达成社会主义发展目标的过程中予以识别和克服。例如，在特殊的经济发展速度中，需要以社会和政治的坚定性努力获取能源和资源，其目的不仅在于保障中国人的生活水平，同时也在于维护与各国的国际关系。未来，在其他欠发达国家的发展过程中，也将面临同样的发展特点。

二、国际条件和国际力量对比对社会转型过程的影响

中国在几十年发展过程中的政治战略有着不同的侧重点，其目的是试图适应不断变化的国际条件。在实行 1991 年的改革政策和开放路线之前，试图以“中国特色新经济政策”达到一种社会主义社会，其中心内容之一是：利用外国投资，在国有企业的带动下，建立一种与生产力特点和发展水平相适应的所有制制度。在社会主义阵营崩溃之后，中国共产党的战略着眼于世界范围内的资本主义的统治地位，着眼于世界多极化发展和不断产生的经济问题的趋势。

基于对资本主义的重新评价，重点是对资本主义发展能力及其国家调节功能的重新评价，中国战略侧重于以老的社会主义市场经济为特点的、有组织的国内经济。其目的是平等地参与世界经济劳动分工，并在现行资本主义世界体系中形成独特的力量——以解决中国社会发展过程中出现的特别危险的不稳定现象。面对本国发展中的各种矛盾，中国共产党试图对其战略进行政治和经济的修正，涉及党的建设、政府职能的转变，涉及经济政策、社会政策、金融政策和外交政策。

三、社会主义社会改革的长期性

中国领导人特别强调社会主义发展的长期性。其理由之一是资本主义有能力将其各种矛盾转化为生产力发展的推动力，从而进一步扩大其物质条件……当年马克思和恩格斯低估了资本主义的自身调节能力，高估了社会主义运动的能力。

另一个理由是社会主义发展阶段的长期性。换言之，社会主义的初级阶段是一个很长的阶段。中国因为长期落后的物质条件、农业化国家的中世纪经济的“半殖民地半封建特点”、传统思维和行为方式，均对社会发展产生了消极的影响。这一切要求社会发展重新经历必要的阶段，导致社会主义过渡阶段比较长。

四、经济秩序的政治特点——国家，所有制问题和调节问题

由于中国迄今尚未克服物质与文化的落后状态，因此在“向资本主义学习”的观点下，在国家资本主义的方式下，充分利用资本及其推动力，尤其是努力掌握最先进的技术与工艺。在法律基础上，已经形成多阶层的所有制体系。国家所有制大为削减，目前相当于国内生产总值的 25%，主要集中在经济的关键领域（国防、银行、邮电与通信、电子能源、水供应、钢铁工业、石油化工、高技术行业、石油开发）。对国有经济，政府在经济政策中给予计划经济目标指标。随着国家和集体企业的个体化和私有化，个体与私有经济比例已经大大得到发展，相当于国内生产总值的 70% 左右。最大的国际康采恩纷纷在中国占据了无数支撑点，投资了无数项目，从中国这个巨大的销售市场得到盈利，同时也为中国发展成为世界最大出口国和竞争国，为中国获得的世界大国地位作出了贡献。土地是最大的财产。农业目前是中国最落后的国民经济领域，面临着许多问题。

在所有制转变过程中，中国政府自 1992 年以来决定采取加快生产力发展的

经济政策手段，亦即宏观金融控制和调节的市场经济，冠名为“社会主义市场经济”。其理论基础是：以公有财产为主导，在经济领域中发挥已经改变职能的国家干预作用，实现很大程度经济区域性，并将国内市场与外贸经济紧密联结在一起。在理论上，中国共产党领导层将之列为社会主义系统的一个组成部分。

五、改革进程中的阶级和社会体制变化对社会矛盾与觉悟增长的影响

在改革开放过程中，中华人民共和国成立以来就已经构成的几乎没有经济差异的农业社会、工人阶级、集体农民群体与知识分子为主体的社会结构和关系逐渐解体。在新的所有制产生过程中，中国社会也出现了新的变化。

中国共产党的理论是：中国的社会阶层，不是因个人地位而拥有财产，而是由劳动能力构成关键标准。整个社会分成 10 个阶层：从国家和社会的领导阶层到私有企业主，从产业工人到无业人员。[①]

中国共产党首先是坚决地克服贫富悬殊，通过扩大社会保险体系和制定新的社会法律，以期遏制社会分化和两极化趋势。

六、政治权利和党内民主的问题

发展进程的领导权掌握在中国共产党的手里。中共希望在 21 世纪中叶过渡到社会主义另一个阶段的经济与社会基础。除了拥有 9000 万党员的中国共产党以外，中国人民代表大会中还有 8 个参政党的代表。

发展过程中充满着矛盾。一方面，中国已经建立成为一个经济与政治世

① 参见［德］赫尔穆特·彼得斯的著作《昨日与明日之间的中国》，2005 年出版，第 28 页。

界大国；另一方面，中国内部的现实发展常常与社会主义理想和目标产生矛盾。作为一个政治大国，这些发展中的矛盾问题越来越强烈地引起关注。为了解决党与群众之间的矛盾，其执政方式应当迅速地从权威性向民主性过渡，从而满足中国社会主义发展前景面临的新要求，切实解决建立“和谐社会”规划与不断尖锐的社会问题之间的矛盾。近期，中国共产党在一次中央特别会议上作出了进一步发展党内民主的决议。2009 年秋天，确定了改善党和政府建设的措施，包括改善党的执政能力的措施。

在政治进程中，民族问题的作用正在不断增强。随着政治条件的变化，中国领导人已经把民族问题作为重点问题，例如如何防止少数民族产生分裂主义，如何完善民族自治地区的体制，如何，确保少数民族的平等权利和特殊权利。在这一过程中，特别地受到了外交压力和在境外的分裂势力的影响。

七、简短结论

根据赫尔穆特·彼得斯的评估，中国自 21 世纪以来进入了一个社会主义发展的“初级阶段”，或曰“进入社会主义之前的过渡社会”。

无论如何，应当对中国的发展道路抱有充满信心的态度。这里引用一下泰奥多·贝格曼的话：

“中华人民共和国在社会主义道路上所作的持续的伟大努力，构成了对各资本主义首领大国主宰世界政治的一个平衡力量。这一持续的努力总体上有利于社会主义运动。粉饰有损于理智；因而理应依据现实情景对实现社会主义过程中的问题和困难进行澄清。欧洲社会主义者与共产党中国的关系，应当是一种带有批评性的团结关系。”①

（下略）

---

① 参见《马克思主义刊物》2008 年第 4 期，第 46 页。

中华人民共和国的历史与现实

——中国究竟还是不是社会主义[①]

第一次去中国是 1959 年 11—12 月。我以自由青年联盟中央委员会书记的身份，率领一个 5 人代表团进行交换考察访问。当时的《青年世界》报记者，后来的《柏林日报》主编，报道过我们的此次访问。

在旅行启程时，我们就体会到了“前往远方”的感受。尽管我们乘坐的是当时飞行速度最快的图 –104 客机，在前去的途中还是经历了 3 次中途停留，回程甚至有 5 次停留。图 –104 是由轰炸机改装的飞机，空中的涡轮发动机工作状态并不十分稳定。

我们的飞行路线是从柏林经明斯克前往莫斯科，然后转机前往伊尔库茨克，最终才飞往北京。返程几经周折。我们从北京起飞，大约一个半小时以后又降落在那里。第二次起飞以后才允许我们降落在伊尔库茨克。继续飞行时

① 莫德罗博士在他 2007 年夏天撰写的著作《历史使命——作为德国政治家出访回忆录》一书中，自 193 页至 216 页，以 24 页的篇幅和 3 幅照片，回忆了他历次访华的见闻和感想。

不得不在鄂木斯克停留。冬天降温对空中交通产生了影响。我们在莫斯科按计划逗留了两天，然后乘伊尔－76飞经明斯克前往柏林。当我后来乘坐柏林至北京直达飞机时，往往回忆起当年那艰辛的旅程。

1959年的访问给我留下了矛盾的印象。我们考察的目的原本是共产主义青年团组织的“群众性思想政治工作”和中国青年的“群众性文体活动”。在4个星期的时间内，主人向我们展示了很多可能性，从大约－20℃的中国北方的哈尔滨，到大约25℃的广州。我们很快就意识到，无论是规模还是方法，中国的方法都无法移植到民主德国。尽管中国当时的人口“只有”大约7亿人（目前已经14亿人），但是中国体量之大都是作为一个中部欧洲人所难以理解的。例如，在上海参加好书阅读活动的年轻人大约为70万人，而当时整个民德青年团员人数也不过50多万。

我们看到了很多标语和口号，其内容必须翻译过来并且详细作出解释，因为我们难以理解其中的含义。“一对红”的含义是：一个进步的和一个落后的工人组成一个对子，然后在两个对子之间展开竞赛，看哪个对子能够取得更好的工作成效。“红专结合”是一个光荣称号，奖励给一个拥有政治觉悟和最高技艺的工人，例如加倍完成指标和每个月提出10个革新建议。

群众性文化工作的内容也与我们的经验不太相符。例如其中一项内容是扫除文盲，而文盲现象在我们国家早就已经不存在了。还有所谓“三自”运动的激励缘由：自己写作（写诗、作曲）；自己玩耍、唱歌、跳舞；自学自导。

在北京郊区水库参加的一次短暂劳动，对我们而言也是一次特殊的经历。我们帮助装沙到筐子里，然后有人用扁担挑着筐子运走。挑担时必须注意自身的运动与扁担的晃动步调一致，否则本身就十分沉重的筐子就会变得更加沉重。在这个工地上，劳动的人群达到10万人，其中5万是年轻人，年轻人中1/5是共青团员。

我们当时并不知道，我们是中国共青团交流经验范畴内接待的最后一个民德青年团小组。我们与共青团第一书记胡耀邦之间的谈话，与多年后埃里希·昂纳克与胡耀邦之间的会见，相隔了 27 年。昂纳克与胡耀邦此时已经成为两国政党的领导人。

在我们访问结束前，民主德国大使鲍尔·万德尔在北京举办了一个招待会。共青团中央和北京市团委的官员出席了招待会。在招待会开始之前，我们与大使谈到了访华印象。鲍尔·万德尔对我们所有人来说并非陌生人，尽管我们与他没有直接交往过。这位反法西斯者在整个纳粹时期待在苏联，民主德国成立时担任国民教育部部长。从 1953 年 7 月到 1957 年 10 月，他是党中央负责文化和教育的书记。在一次“整肃运动”（Strengen Ruege）后，据说他因为贯彻党的文化政策路线不够坚决而被派到中国担任大使。

我们向他报告说，我们对中国全国感受到的那种高度热情印象很深刻。不过，我们也谈到一些怀疑，即光是靠大规模的、有时是比较单调的口号，是否能够达到努力的目标？尤其让我们疑虑的是所谓平等的实际做法变成了平均主义。在工厂里，壮工与高素质人才的收入一样高。

我们感到纠结的还有一点是，哈尔滨、南京与上海这样的城市有着巨大的差异。我们还谨慎地问到了如何评价西藏的冲突。鲍尔·万德尔没有回避我们的尖锐问题，但是他显然试图增强我们对中国的积极印象而不是消极印象。

鲍尔·万德尔于 1961 年被召回民德，担任副外长，后来又任人民友好协会会长。我在与他见面时曾经回忆起当年在北京的会面，他承认。我们当时的某些见解要比大使馆已经作出的判断更加契合中国业已变化了的现实情况。

在我们访华之后不久，中国与苏联关系开始了“冰川时代”。于是，其他社会主义国家及其政党也中断了与中国的所有关系，其原因更多地是因为莫斯科的愿望而不是各国本身的愿望。两个最大的共产党国家之间所以发生角斗，直接的导因是苏共在第二十届党代会上批评斯大林主义的做法。北京对斯大林及其历史作用的评价不同于莫斯科。

意识形态的争论导致1969年在乌苏里江上的一次边境战争。冰川直至20世纪80年代中期才解冻，国家关系重新接近。昂纳克原本希望自己成为东欧集团第一个访问北京的政党领导人，但是雅鲁泽尔斯基抢先了一步。然而有一个小小的细微差别：那位波兰党和国家领导人进行的是一次工作访问，而昂纳克在中国是国事访问，受到了所有礼宾待遇。因此，波兰的访问在民主德国的媒体上只有一条消息，而昂纳克的访问则充斥了报纸和电视的所有版面。邓小平把此次访问誉为新开端，双方达成了改善关系的一致原则：国家关系从来没有中断，如今只是加注新的动力而已。

1987年就迎来了回访。我们方面对此次访问给予了高度期待。访问民主德国的代表团团长是中国政府总理。或许更多的原因是出于中国代表团的愿望，而不是统一社会党领导层的建议，中国总理也访问了德累斯顿。他在晚宴席间问我是否访问过中国，于是我有机会谈到了1959年访华时的印象，并对当时关系全面复苏给予了赞扬。反应是向我发出了形式上的邀请，希望我这么多年之后有机会再次访华赢取新的印象，以了解中国发生的巨大变化。

我小心翼翼地提问，中方如何看待对苏关系的未来发展。他用一个比喻作了回答：如果一条小船在海上停靠一条大船，相对来说是比较容易的动作；如果两条巨大的大船相互抵近，那就要困难得多，必须十分谨慎地操作。

事态也是这样发展的。在中国与波兰和民德互相访问之后，开始了与苏联在“海上”抵近的大动作。

我原本以为德累斯顿的邀请不过是一个礼貌的表达。然而，中国方面很快就表现出了认真态度，向我递交了机票。1988 年 5 月，我在时隔 29 年之后再度前往北京，去经历一个新的中国。此行的目的地是广东省及其省府广州。这一次直航始自柏林舍内费尔德机场，乘坐民德国际航空公司的伊尔 –62 班机径飞北京。

广州市是给人深刻印象的经济和文化中心。访问日程令人对其经济发展留下惊人的印象。我们参观了自 1973 年开始生产的“东风”电视机厂。该厂前一年刚刚经过现代化改造，如当年产量达到 41 万台，次年将达到 60 万台的饱和生产能力。在与厂领导和党委领导的谈话中，我们听取了技术和思想工作上的各种努力。人们十分重视改变领导和计划，尤其是给予厂长明显提高的自主权。党委书记自己表示，党组织在厂内已经不再扮演生产领导角色，只是负责“原则性保障工作”。这里所指的是对工人进行提高生产积极性的鼓舞工作。同时还采取了物质激励和择优选拔的可能性，从而对个体劳动成果产生积极的影响。

在北京的清华大学内，我们找到了全国正在转变思想的证据。科学机构与实践的关系越来越紧密且目的明确地联系在一起。国家支持这一发展方向，将大学经费定向于大学成就能够创造金钱的方向上。我们在德累斯顿同样面临这样的问题，所以我立即建议清华大学与德累斯顿工业大学进行经验交流。

1959 年我们参观了颐和园。天坛和据说拥有 9999 间房间的以往皇家宫殿——故宫，当时并没有列在参观的日程内。我们参观的主要是革命斗争历史场馆，例如在南京参观共产党成立时的建筑。如今 1988 年，我们应当了解邓小平 1978 年推动改革开放以来取得的耀眼发展成就。正因为如此，我们的行程导向海滨省份广东及其经济特区深圳。主人介绍说，深圳 1959 年时只是拥有 4500 人的一个小村庄，1980 年的人口已经增加到 3 万人，如今又增长了 20 多倍。这个城市的成长依靠外国投资，也依赖于中国各个省份的参与。如今深圳只有大约一半人拥有固定住所，其他一半人来自其他省市，居留时间受到限制，他们正在参与特区经济的建设。

当香港 1997 年回归中国时，毗邻的深圳已经成为拥有数百万市民的独特中心。可以看出，中国早就为香港的回归预作准备，深圳早就敞开接受来自香港的资本投资，把自己塑造成香港工业行业延长的生产线。这个城市一直延伸到香港的边界，两市的边界走向如同一条居民区。在人事方面，这个城市也是中国有组织地设置在香港旁的一条纽带。例如，女翻译小罗离开我们几天，前往香港探望她的丈夫，她丈夫在香港的一家银行工作。

香港回归中国之后的原则是“一国两制”。北京的路线得到了坚持。中国于 2007 年庆祝了香港回归 10 周年。深圳和香港如今已经成为全世界人口密度最大的城市之一。

在中国和莫斯科阵营之间高音喇叭停止论战的年代里，一些专家组群对远东局势认真地进行了分析。协调这些研究工作的是莫斯科。在统一社会党中央社会科学院内，一个汉学家小组正在工作，其成员都对中国十分了解。中央国际部与苏共不断地交流看法。作为统一社会党专家顾问，布鲁诺·马洛和霍斯特·西贝格反对追随苏共路线，进一步提高改善对中国关系的压力。他们不认为中国对世界和平带来军事威胁，但是认为中国通过经济改革和开放可能发展成为一个世界强国。对中国放弃政治改革的说法带有很大的谨慎度，为的是避免过于草率地产生偏见。我们的专家组作的这些预测，是完全正确的。

尽管中国领导层对戈尔巴乔夫领导下的苏联局势发展持有批评观点，但是他们继续坚持走中苏两国关系正常化的道路。

当时，我在评价中国时采取了两分法。一方面，中国在 20 世纪 50 年代受到了苏联及其盟国经济支持的益处。没有这些援助，中国几乎不可能建立工业基础。即使在 70 年代末，中国的重工业还有一大部分来自苏联年代。

另一方面，这个巨大的国家拥有寻找和坚持自身社会主义发展道路的合法权利。与欧洲国家和政党不同的是，中国人的生存并不取决于其他国家政党的首肯和赞同，即使那个国家试图掌控全球霸权。中国可以与世界上其他国家进行交流，但是并非不得已而这样做。必要时，中国可以在政治上和经济上自给自足地生存，就像苏维埃俄国在 1917—1945 年那样。

在 1988 年的旅行中，我获悉了很多有趣的新鲜事。随着经济特区的发展，北京追求着更多的目标——深圳只是 4 个先锋项目之一。第一是基础设施的建设。1/4 的必要投资来自外国公司，20% 由中国其他省份通过税收给予资助，其余部分靠自主资金和贷款。第二是尽量引进最现代化工艺设备，主要来自外国，尤其是来自日本。第三是制订计划与领导、资助与物资管理、价格构成与生产成果按劳取酬的原则，并试验其效果。第四是强调经济特区应当为社会主义服务的特性，应当增强而不是削弱社会主义。

我在深圳也经历了荔枝节。这是当地第一次庆祝荔枝节，是一次伴有巨大规模游行队伍的街头民族节日，参加者必须携带特殊证件。后来，这个节日成为吸引旅游者的项目，参加程序再也没有官僚主义了。

我们应邀乘坐一辆游行花车，穿行在整个城市市区，到处都是跳舞和唱歌的人群。荔枝是中国美味水果，也被称为爱情之果，早在 2000 多年前就已经开始在中国亚热带地区种植。荔枝树四季常青，可以长到 15—20 米高，每棵树上能够结 60 千克红色果实。荔枝像李子一样大，有核，果实肉为白色，多汁味甜。如今，在欧洲也可以买到新鲜或者罐头荔枝。

我们品尝着果实，聆听了很多关于它的故事。荔枝以前是皇宫贡品。中国皇宫要求将这种水果通过“快速邮件”——经由许多驿站快马接力，从南方运到北京。

广东省的面积超过整个民主德国，其人口相当于两个德国总和。广东省的党委领导建议与德累斯顿专区建立伙伴城市。在广东省回访德累斯顿时，签署了伙伴城市的协议，但是具体项目没有得到落实，因为德累斯顿专区与民德一起消失了。

我的1988年中国之行回国后引起了一场原则性的风波。我以往经常给《每周邮报》撰写一些出访见闻，此次也事先商量好要写一篇文章。因为我回国两天后就要去度暑假，所以只能在周末起草这篇文章，然后交给我的女秘书倍倍尔·奥托和我的助手维尔纳·考尔夫斯。维尔纳也把这篇文章拿给《萨克森日报》的主编约翰内斯·舒尔茨看了，二人商定先在这张专区报纸上刊登，然后再发表在跨地区的《每周邮报》上。《每周邮报》的编辑部同意这样做。

文章于1988年7月15日刊登在那张统一社会党专区领导的机关报纸上，当时我已经开始休假。紧接着，位于科隆的《德国之声》和《法兰克福汇报》分别转载了我的访华见闻。《德国之声》的评论大意是：德累斯顿的党委负责人在批评统一社会党的经济政策之后，如今又利用中国的改革政策，在丝毫不提苏联“公开化”和“改革”字眼的情况下，表达了对务实的成本核算、真实的竞争机制和提倡私有经济转制的同情立场。

《法兰克福汇报》的措辞更加尖锐：莫德罗写的是中国，要的是东德改革。

紧接着，大楼里就给《每周邮报》发来指示：不许刊登汉斯·莫德罗的中国文章！如果西方不对我的文章发表内容摘要，中央根本就不会发现我的文章内有什么攻击性的内容。然而，眼下这篇文章获得了原本并不具有的重要性。

来自中国的反应却完全不同。秋天，《北京周报》的一位记者来找我，希望我就这篇见闻接受采访。谈话内容发表于那份德文的政治和时事杂志上，题目是《我们在许多观点上有共识》。西德媒体的反应和柏林加注的批评锻造的“烫手铁块”，这一次没有触动我。我顶住压力，谈到了专区存在的问题，例如住房建设问题。因为中国在这方面也存在着未能解决的问题。

总之，我在中国已经被视为可靠的伙伴。在中国领导层，大多数统一社会党专区书记的姓名是熟知的，就像在我们国家大家熟知“Funavuti”戏剧（富纳富提）中的主角一样。我有何德何能，成为中国的座上宾？

1989 年，我再次见到了中国。中国向东德 4 个中央委员的家庭发出了度假邀请。妻子安娜玛丽和我很愿意接受邀请。然而，临行前中国发生了春夏之交的政治风波。此刻似乎也不宜前往这个国家去度假。中国人并没有撤销对我们的邀请，但是也没有作出任何反应。而我们自己则认为没有理由主动询问。于是，我们改变休假计划，打算在国内度假。

中国大使突然给我打电话。他从北京得到指示，要他与我面谈，转达北京的衷心邀请，希望我们访华，以便了解中国，了解目前的状况——如果我们仍能按计划访问，等于发出一个友好的信号。

于是我陷入了两难境地。如果谢绝这一请求，我觉得不礼貌，也缺少风度。另一方面，答应访问则会被视为刻意显示自己赞成这种强硬行动的态度。我无论如何不愿意给人以这样的印象。那么究竟应当怎么办？经过慎重考虑之后，我答复前往。中方作出了日程安排的承诺。

其他 3 位中央委员放弃了此次旅行，取而代之的是机关其他 3 位工作人员及其家属。1989 年 6 月 28 日—7 月 13 日，我们访问了北京、西安、南京和厦门。

应我要求举行会谈的中方领导人是政治局委员、副总理吴学谦。不出所料，吴将天安门广场发生的事件果断定性为反革命挑衅活动，后面的措施是不得已而作出的反应。

我选择了间接的方式，即询问党和青年人的关系、中国经济开放政策对内政发展带来的后果，谈论社会主义。

度假本身丰富多彩，十分适宜。与到处可以看到军队的首都不同，外地省份几乎感觉不到军队的存在。我一共访问了 11 个不同的企业。到处都可以听到他们在作讲解，如何努力实现按劳取酬的做法，为什么外国企业和国内企业纳税标准不一样。然而，根本就没有提到朝西方议会民主制度方向进行政治改革和发展多党制的话题。

人们谈道，政治只是在思想工作中发挥作用，党、团组织和工会中的思想工作正在不断地改进。我们不要忘记，这是在 1989 年夏天——当时民主德国也没有提到政治改革的话题。中国人有自己的问题；对中国这样一条大油轮来说，民德毕竟不过是一艘小艇而已。

如同每次访华结束时一样，我照例前往民德使馆，并就国内局势作了一个报告。我的讲话十分坦率，谈到了民德濒临瘫痪的经济、糟糕的群众情绪和公民要求出境的压力。还没等我回到国内，就收到了中央委员会的警告，说我的讲话太出格了。啊哈，看来至少北京与柏林之间的信息通道还是很畅通的，我心中不免苦笑。

在我们启程回国之前，我想找一下我们德新社的记者奥托·曼，有兴趣了解他对局势的看法。我在第一次访问东京时就认识了他。看起来，从酒店前往他的公寓并非那么容易，因为当时北京还处于禁止出行的紧急状态。

对他来说不存在禁止出行的禁令。他开着自己的小车到酒店接上我，之后又把我送回来。其间大使要找我，把电话打到了曼家。大使在电话那头向我转达了一个大方的邀请：京特·萨博夫斯基和他的儿子明天乘坐一架专机来北京，我们这个旅行团可以延长在华时间 24 小时，然后搭乘那架专机回国。

我未经与代表团其他成员商量就谢绝了这个邀请。我们已经购买了民航机票，打算按原计划飞回去。这一切令我很恶心。这里并不是一位政治局委员的平易近人姿态，而是要让我们介入这个明显带有私人色彩的专机旅游飞行。他的意图是事后表明并非自己单独使用了这架巨大的专机，但我不想给他这个口实。

我在第二天早餐时向代表团通报了这个邀请和我的决定。大家毫无保留地表示同意，我很高兴。

我从党的总书记那里听说，萨博夫斯基同志在政治上很有头脑。即使在西方国家，他也常常被视为昂纳克可能的接班人，这一点他心里完全清楚。如今，在主要盟国渐行渐远之后，他展示性地到另一个红色大国寻找接触。在萨博夫斯基看来，此次访问含有战略意义，并非没有私利可图。

15 个月以后，我成为联邦议员，萨博夫斯基却成为没有官职的失业者。作为民主社会主义党 / 左翼联盟的外交政策发言人，我收到了中国大使馆的一张晚宴邀请函。中国位于巴德·哥德斯堡的代表处给我留下了深刻印象。从某种意义上讲，这也是一次会谈。大使为了明确表示他的关切，在站着聊天时就提到了他想与波恩建立政治接触的愿望。他对双边关系现状不太满意。社民党完全切断了关系，只有少数基社盟议员愿意进行晤谈。大使希望我给予帮助，打开社民党的大门。此外，他还邀请我再次访华。

联邦议院外交委员会的社民党发言人是卡斯滕·福克特。我们早在东德时期就已经认识。我认为他在中国事务方面是一个合适的谈话伙伴。但是福克特婉言拒绝了，他有很多顾虑。他的务实政策头脑和该党内部的专家意见，最终促使他愿意转变看法。于是，我们一起去中国大使馆出席了晚宴。冰山开始融化，我的使命完成了。

还没等我访华启程，钱其琛外长就已经来到了波恩。中国大使馆并非完全按照礼宾安排向我转达了钱外长的请求，在他下榻的彼得斯堡官邸与我进行一次会谈。他强调，与联邦政府进行会谈的目的是进一步发展双边关系，他希望民主社会主义党能够为促进这一进程作出贡献。他表示，会谈时也可以讨论人权问题。

钱外长相信，越多的德议员乃至部长访问中国，就越有利于展开坦率、平等的讨论。但是，中方不能够也不愿意与“教官”“教师爷”“大法官”进行对话。他强调：“中国过去和现在都不依赖于任何大国，未来也不会这样做。”他祝愿我访华圆满成功。

访华确实是成功的。我们这个联邦议院小组中，包括来自萨尔茨吉特的伯恩德·海恩（他是冶金工业工会著名的左翼官员）。他在工会事务上立场极端，不是一个能够轻松交往的人物。格莱戈尔·居西在党内是一个懂得调和矛盾的高手，但是遇到海恩也没能搞定。海恩离开了民社党，成为议会的独立议员。在总体关系已经变得十分虚弱的情况下，我与他个人的关系算是最好的。邀请我访华的名额是 3 个人。我请他一起访华。第三个人选是布鲁诺·马洛。他在莫斯科接受过外交培训，也在北京使馆工作过较长时间，除了其他外语，还会说中文。

旅行安排的是去上海和再度访问广东省。从广东出发还要去澳门，当时澳门还处于葡萄牙的管辖之下。与接管香港之前的准备相类似，中国也在毗邻澳门的地方建了一个新的城市。广东省的总体发展显然十分迅猛。广州市得到了高速发展，经济成长率高达 10% 以上。这一切都是证明。从农业角度看，那里的亚热带气候特别有利，但是仅靠这一点并不能取得高产。与中国其他地区不同的是，广州的国际交易会对活跃经济生活和城市气氛具有独特作用。如今的酒店已经达到了国际最高水平，旅游业也开始繁荣起来。

在北京的会谈中，有一个问题引起了我们的特殊兴趣。对外国投资者的税务优惠和对本国企业尤其是国有企业的巨大负担，导致经济上的深层次矛盾。传统的健康保障、住房经济、幼儿保育以及文化设施的维护，如今在很大程度上与经济企业绑在了一起。中国经济发展转型中产生的社会后果，对国内和外国企业的不同纳税要求，是无法忽视的问题。其后果直至今天仍然伴随着中国。

在那次访华期间，我再次经历了 1988 年德累斯顿专区与广东省建立伙伴关系留下的后续问题。我的谈话伙伴提醒我回忆当年的合作意向，请求我协助建立与联邦新州萨克森的联系。

我回国后向州长库尔特·比登考普夫转达了这个请求，并希望与他见面交谈一下我的访华印象。答复非常明确而且简洁。州长府感谢此封来信，说正在对事态进行研究。但是，州长与我之间的谈话对德国统一的进程没有助益。

当比登考普夫教授1990年2月请求与民主德国总理莫德罗进行一次谈话时，我同意了。科尔当年的这位总干事在我面前自告奋勇地表示，他作为经济专家的知识可以为东德地区的现有改革作出贡献。我们谈话之后，他对我表示了相当程度的满意。他接受了莱比锡大学国民经济学的一个教授位置，后来他以萨克森州基民盟候选人的身份参加了1990年10月14日该州的议会选举，结果以绝对多数赢得了选举。如今他已经成为州长和“库尔特国王”，而我不过是一个普通的联邦议员，而且代表的是一个正在衰亡的“非法国家”。仅仅在不久之前，他还曾经希望与我一起改革这个国家呢！

在我们访华之后，“走失的儿子”伯恩德·海恩又回到了民社党议会党团，我也重新参与了我党的议会工作。

民社党与中国共产党的关系得到了良好发展，可以称得上是稳定发展。这一关系也由左翼党继续传承。罗莎·卢森堡基金会在中国有合作伙伴，并在许多项目上保持着接触。

我最近一次访华是2003年。我参加了加比·齐默尔率领的一个民社党代表团。彼得拉·西特和赫尔穆特·埃廷格也一起同行。对我来说，此行的目的较少是因为中国，更多的是为了我们的党。因为众所周知，访问可以创造与外界联系的机会，以便思考和讨论一些在国内未能讨论或不那么迫切讨论的问题。我感到忧虑的是领导层的软弱，领导委员会与基层缺乏沟通，以及政治表态方面的随意性。这一切因素综合起来导致我党不仅在党员中间，也在选民中间失去了信任。一年前，我党从联邦议会出局，之后在最高议会机构中只剩下 2 名直选议员作为代表。冷静观察可以看出，我党再一次陷入了危机，或许比以往更深地陷入了危机。

简而言之，2003 年的中国之行从这个角度看没有取得任何成果。但是，从与中国共产党人进行批评性、建设性对话的角度看，则达到了预期目的，是有益处的。

中方向我们表示说，将毫不动摇地坚持社会主义道路。

根据预测，中国将在未来 20 年、30 年之后拥有大约 15 亿人口，届时中国不仅是人口最多的国家，而且也是成果最丰硕的国家：所有预言都认为中国未来将成为世界最强大的经济大国。

我在进行这一思考时要援引中国领导人的说法。中国共产党在中华人民共和国 1949 年成立以来经历了所有的发展进程。如今中国共产党仍然是全国的领导核心。目前执政的是中共新的领导集体，他们在所有改革方案中都坚持社会主义。因此，中国领导将戈尔巴乔夫的作用视为社会主义叛徒的做法是可以理解的。戈尔巴乔夫将改革和公开化说成社会主义继续发展的必要前提，但是其结果众所周知，中国领导层有足够理由予以摈弃。中国共产党也犯过错误，直至今天仍然有人这样评价。20 世纪 60 年代所谓的“文化大革命”使得发展倒退，文化遗产遭到不可弥补的破坏。在每一个农民都在自己的土屋后面熔铁的“大跃进”年代，一点儿也没有带来跃进。

当毛泽东 1976 年逝世、邓小平 1978 年底在中共十一届三中全会上宣布其务实的改革计划时，实际上开始了中国历史上崭新的一个时代。邓小平重新开启早在“文化大革命”之前就已经开始尝试的务实路线，提出了两个口号：“从实践中寻找真理！”和“实践是检验真理的唯一标准！”他以此重新回到马克思理论。

据我所知，所有专家都没有预见到中国经济改革带来的迅猛发展。那些绝对数字令人瞩目，但是计算到人均时却大打折扣。尽管如此，每个人都会肃然起敬，不得不承认中国共产党对此作出了重要贡献。共产党组织了框架条件，确保了政治稳定。与此同时，人们会问到为高速发展付出的代价问题：人类、环境、世界究竟为此付出了什么代价？历史使我们回忆起 18—19 世纪资本原始积累阶段，像英国那样的国家的经历——残酷的剥削、压迫和罪恶的致富企图。当时不得不令人提出人权问题。因为，在个体的尊严被以粗暴的方式伤害时，人们不仅要呼唤权利和法律，而且要关注社会制度的性质问题。

这里事关中国领导人在进行政治改革时的环视与远视。他们知道，一旦把魔鬼从魔瓶中放出来，就很难再把它们收回去。在当今资本主义制度主宰全球的条件下，如果坚持和发展另外一种选项，政治制度上的错误将带来不可挽回的后果。为了十几亿中国人的利益，实际上是为了全人类的利益，北京无法进行任何试验。如果中国出现混乱，将会带来什么样的后果，相信我们拥有足够的幻想力。

还有一个问题悬而未决：前进方向是哪里？中国共产党领导人真的能够掌握方向？抑或经济的发展已经拥有一种巨大的动力，以致世界上任何一个政权都无法对它进行控制？抑或资本主义的蛮力已经发展到凌驾于一切之上的程度，只剩一个行动意愿：利润、利润、利润？

根据马克思的理论，生产资料的所有制决定生产关系的性质。我们不知道如今的所有制关系究竟是什么性质。但是有一点我很清楚，当民主德国的所有制关系经过托管机构的分配后，85% 的国民财富被西德企业所吞并，10% 成为外国资产，东德人只得到了剩余的 5%。东德人获得的不是市场经济，而是赤裸裸的资本主义。

中国封建时代当然也有很富裕的人，但是人数很少，绝大多数人民的生活水平是处于相同水平，处于同等贫穷水平。中国如今通过改革努力达到

“中等富裕水平”。

在如今左翼党讨论21世纪社会主义前景的时候，我们不能只关注南美国家，也要思考中国，要关注中国的优势与劣势。在中国介绍其政策时，有必要进行追问。这样做也有利于那里的同志和朋友。我们作为旁观者不一定知道得更多，应当避免指手画脚。但是，我们可以带来旁观者的看法。与政治对手相比，我们的看法更加有益，更加富有建设性。因为我们与那些人不一样，我们希望看到一个社会主义的中国、一个社会主义的越南、一个社会主义的古巴。我们的先决条件是希望这些社会主义国家继续存在。

熟悉中国政策的专家们知道，来自第二排的德国意见，要比第一排的意见更早得到重视。有两个原因：一是可以试探着找到共鸣，二是在必要时可以保持距离。

中国将在未来比美国和欧洲更加全面地介入世界经济和资源。但是，无法预知中国将以何种方式具体介入。如果能够达到和谐和平衡，那是最理想的。在历史上，争夺世界的资源和市场始终具有侵略性，因而导致20世纪上半叶的两次世界大战和下半叶的两个联盟体制的一场冷战。21世纪将会发生什么?

我们担心预先知道答案。

莫德罗在德国统一 10 周年之际答王建政问 ①

（2000 年）

王建政：莫德罗先生，10 月 3 日是两德统一 10 周年纪念日。作为前民主德国总理，您此时此刻有什么感想？

莫德罗：1990 年 2 月 1 日，我在群众集会上引用民主德国国歌中的一句歌词，第一次喊出了“德国，统一的祖国”这一口号。当时，我是真心实意地盼望着德意志民族的统一。而今天无休无止争论着谁该参加统一 10 周年庆典活动的先生们，当时却各有各的盘算。一些东德人认为

① 1990 年 10 月 3 日，德意志民主共和国“加入”德意志联邦共和国，分裂 45 年之久的两个德国“快速”实现统一。当年 72 岁的汉斯·莫德罗博士曾于 1989—1990 年任民主德国总理，亲历了两德“统一”的全过程。作为民主德国的主要领导人之一，两德“统一”的见证人，莫德罗先生在他的回忆录中，对关涉两德统一问题民主德国广大群众、各阶层、各派政治力量的态度、思想历程，以及民主德国领导集团内部的认识和决策过程，均予以客观记述，颇具存史价值。

两德统一 10 周年之际，王建政又专访了现任德国民主社会主义党名誉主席、欧洲议员的汉斯·莫德罗博士。在重要当事人莫德罗先生对“两德统一”这一历史事件发生 10 多年后的回顾与反思中，我们将对西方“和平演变”战略与策略再行思考，以资鉴中国的社会主义现代化建设事业。

我也应该在庆典上讲话，但我认为意义不大。因为现在讨论的焦点是：戈尔巴乔夫将作为贵宾出席德累斯顿的庆典，而科尔则应当回避。

王建政：您对戈尔巴乔夫和科尔不以为然？

莫德罗：当年，我曾向戈尔巴乔夫提出两个主权德国在欧洲局势发展的框架内分阶段统一的计划，他当即表示同意。然而，几天后科尔访问莫斯科时，戈尔巴乔夫却又原则同意了科尔关于统一后德国留在北约内的建议，以此取悦美国人。

王建政：10 年之后，您如何评价两德统一的历史进程与现状？

莫德罗：科尔、金克尔及其后台老板当年身披的“历史伪装”已经撕破。统一变成了吞并。两德统一的窗户变成了北约东扩的跳板。通过统一增强了实力的德国，在侵略南斯拉夫时再一次将战争作为政治手段。人们对奥德河－尼斯河边界可能重新导致欧洲分裂的担心，已经变成了事实。尽管北约采取了东扩战略，确切地说恰恰因为北约的东扩战略，如今在东欧出现了新的紧张局势。西方对俄罗斯的态度，令人痛苦地回忆起冷战时期。

德国统一是一个历史事实，是一个历史性的挑战。应当呼吁全体德国人努力成为和平的邻居，不要趾高气扬，不要充当教师爷，正像布莱希特在《儿童赞歌》里写的那样：“我们既不想高于也不想低于别的民族。”德国人应当多想一想过去的历史，多尊重他人的历史和文化。

王建政：您想对中国读者说些什么？

莫德罗：10 年来，我多次访问中国，亲眼看到中国社会主义事业的生动发展。今年 10 月中旬，民社党将在科特布斯党代会上选举加比·齐默尔女士担任新主席，之后，我们计划将一同访华。

我十分赞赏中国在所有领域中的全面崛起。我十分重视中国在国际政治中的地位与作用，希望她能够对超级大国美国构成制约因素。10 月 1 日是新中国成立51周年纪念日，我衷心祝愿中国人民在中国特色社会主义道路上继续大步迈进！

下篇：两德统一亲历记

前言

1990年10月3日，民主德国加入联邦德国。仅仅6个月之后，这一条快速实现德国统一的道路所激起的热情便已烟消云散。目前的局势是：失业者数字剧增至三四百万，公司纷纷倒闭，新的东部各州内原有的经济研究所和文化设施遭到清洗，新的赋税层出不穷。凡此种种，与民主德国公民对统一的幻想大相径庭。那么，除了这条道路，是否还有其他选择？我认为答案是肯定的。如果首先确保一个民主改革的民主德国的稳定，尔后经由邦联途径达到统一，道路虽然漫长一些，但可以使民主德国公民免受许多现时面临的艰难。

以前常常有人问我，是否想写一本书谈谈我任民主德国总理时所追求的道路。3月18日大选后的数月内，时局的动荡不亚于我任职之时，以致我根本没有时间和精力写书，更何况我当时难以保持与时局的心理距离。即使现在，时隔一年之后，我仍然犹豫再三，不知是否应该公开出版一本书来叙述我本人自1989年秋至1990年春的作用和我的政府。我所写的，只是个人见解；我所描述的，只是依据记忆的亲身体验，而不是依据史料的学术研究。至于对我本人的所作所为乃至我的政府之方针路线，留待历史学家们去评说。

我从政时所坚守的信念是：不遗余力地为着国家的民主改革，不遗余力地为着国民的福祉。

汉斯·莫德罗

1991 年 3 月于柏林

一、转折

最近几个月里常有些文字和言论提到1989年的那个秋天。堂而皇之自称是当事者或辅助者的人数越来越多。以巧妙的方式借民主改革的招牌为自己贴金甚至信口雌黄的政治家，亦不乏其人。

诚然，1989年之秋是众多因素发展的结果——早已发端的群众运动，教会在促成接触和对话方面的作用，那年夏天大批公民从民德出走的事件。只要分析一下群众运动组织的成员构成和那些离开国家出走公民的成分，便可以断言，当时人们的动机各不相同，来自多方面的影响各不相同，各自的目的也互相矛盾。

群众组织早就在教会的庇护下发挥作用了，其目的是在民德发动民主改革。教会负责人把自己对“社会主义条件下的教会”这个定义的理解，转化为对诸如“和平人权倡议”组织以及后来的“新论坛”组织之类的群众运动组织的支持。他们想成为“持批评态度的政府同路人”，帮助公民开辟新的民主疆域。

那年夏天成千上万名取道匈牙利的出走者，已经与民德决裂，沿着西方舆论一再详细描述的途径投奔西德去了。

1989年之夏使以下两点明朗化了：以埃利希·昂纳克为首的领导层完全没有能力从当时的政治态势下得出客观的结论；华约内部的分崩瓦解已是大势所趋。匈牙利通往奥地利边境的开放使后者变得更加明显。

来自各专区、各县和本党内的许多迹象和信号，被领导层置之不理。当一系列事件迎头袭来时，领导层又变得手足无措。他们思维和语言能力的丧失，并不是由权力之争导致的。首要原因是埃贡·克伦茨缺乏真正的果断。他当时过多地考虑到昂纳克的影响和二人之间的亲密关系。直至今天，昂纳克竟然还试图把党中央领导的无力归因于他本人的病情。这当然是自欺。而克伦茨则把当时的情势解释为由于自己被迫在休假——位居党中央副总书记的他，居然会被昂纳克强迫命令休假！京特·米塔克则一直保持沉默，因为他从来没有能力提出个人见解。“领导同志们”都力图保住自己的权力，他们谁也没有正视现实，因而没有能力对局势作出正确判断，没有能力在政治局内提出摆脱这场危机的建议。

基于对局势的错误判断，昂纳克以为可以用庆祝民德建国40周年的各种庆典活动来确保国家的政治稳定。于是，组织了反法西斯老战士聚会活动、共青团火炬游行活动和一系列庆祝集会、盛大招待会；于是，亲爱的、德高望重的党中央总书记兼国务委员会主席每场必到，四处演讲。这一切旨在盖过全国所有强有力的发难声音，旨在重新建立旧的秩序。以米哈伊尔·戈尔巴乔夫为首的外国客人作为国际陪衬出现在人们面前。

一切都按电影脚本演完了，但是效果根本不符合编剧人的思想。共青团火炬游行变成了拥护民主化、公开化的游行示威，戈尔巴乔夫的话“迟到者将受到生活的惩罚”起到了信号弹的效应。

尽管我收到了所有庆典的请帖，但我只参加了老战士聚会。在这个活动中，可以见到那些令我尊敬的老者和我早年政治生涯中私交颇深的至交。再说，这场聚会后还安排了昂纳克同各专区党委第一书记的一次短会。这次会议对我来说并非不重要，因为听说我 9 月底对斯图加特的访问引起了柏林的不满。对党的领导来说，此行本身即可视为一次反叛行为。原因是，人民议院主席霍斯特·辛德曼刚刚邀请过以霍斯特·埃姆克为团长的西德联邦议院代表团来访，而在访问的准备阶段，民德领导人对拥向西德的难民潮流的态度受到了批评。由于我坚持要接受巴符州社民党主席的邀请，统一社会党中央秘书处批准了我的访问。正如党中央机关里有人后来向我暗示过的那样，某些人暗地里希望我此行会“引火烧身”。也许他们料想我会与社民党公开争论，也会在与西德记者见面时遇上难题。当然，我同该州社民党主席乌利·毛雷尔之间有过争论，同迪特尔·施佩里也有过争论，但也有不少一致意见，对德累斯顿专区统一社会党与巴符州社民党领导人之间地区性的进一步往来和合作达成了一致意见。赫尔塔·多伊布勒 – 格梅林受汉斯 – 约亨·福格尔之托来曼海姆参加市长招待会，与我就目前复杂的政治局势交换了个人看法。

短短几天前，哈里·蒂施还以自由德国工会联盟主席的身份做客斯图加特。当记者问到他对难民外流浪潮的看法时，他以不屑此类无聊话题的态度驳了回去。这表明，包括蒂施在内的政治局根本不想正视事态的严重性。

对我来说，在同联邦德国新闻界的接触中出现了一个特殊的问题。因为，几年来我一直被他们视为“可寄予希望的人”，人们对我的注意已经远远超出与巴符州社民党领导人的会晤，这当然也跟统一社会党领导人的讳言沉默有点儿关系。在准备斯图加特之行的过程中，海德曼·阿克森同我谈过话，但他矢口不谈那些真正的焦点问题，也不正面回答我提出的问题。他们只是建议我尽可能避开舆论界，劝我绝不要搞记者招待会。我的看法则不一样，我觉得很有必要谋求对话，克服那种讳言沉默的现象。

今天我已意识到，面对西德舆论界对我的访问所抱有的强烈兴趣，我本应更加坚定地加以利用，从而明确地表明我对党中央领导人的政策的批评态度。我当时只是要求本党作出彻底的反思，进而得出必要的结论。对昂纳克来说，这就已经说得太过分了。10 月 3 日，他批评了我的做法。他认为我们根本没有理由反思。他说，他将在民德 40 周年大庆时的演讲中对此作出正确的回答。最终，他的演讲完全脱离了实际，从而使紧张的局势进一步加剧。本党的许多党员都对他这种远离现实的讲话感到震惊。自此，统一社会党内部的分歧便更加严重。

10 月初的那几天，民主德国的分裂状况显现出来了。在庆祝活动中，聚集着那些仍然爱国爱社会的人们。数十万当时或多或少仍然热爱现实存在的民主德国的人，出现在城乡的民族庆典上。每天晚上，则有数万人聚集在一起，要求彻底改革民主德国。其中有许多年轻人，他们只是想摆脱社会的管束，但从来没有好好思索过怎样寻求一条新的民主道路。

在那些日子里，柏林、莱比锡和德累斯顿起到了关键性的作用。各种活动的表现现象是相似的，但内容和进程却不同。在德累斯顿，冲突和武力从一开始就伴随着高潮的到来。党和国家领导人对大规模出境问题的态度是："无论通过何种途径离开民主德国者，均不得再以民主德国公民相待。"这一态度导致了荒唐的决定：用三列火车将滞留在西德驻布拉格使馆内的出走者途经德累斯顿运往西德。此举本意据称是保护民主德国的主权利益。人们纷纷对交通部部长阿恩特提出抗议，并要求他作出新的决定，但这一切都无济于事。他说已经采取了所有可能的步骤，可是毫无效果。那三列途经德累斯顿的火车显然挡不住了，更何况麻烦已经临头——奥特·阿恩特在争吵中告诉我，那几列超载的列车已经停在边境。让火车返回布拉格肯定会引起恐慌，然而一旦数千人在德累斯顿强行拦住火车同样会给许多出走者造成生命危险。

成命已经无法收回，只能尽全力警戒火车总站，预防最严重的不测。中央各部的指挥部统一协调所有必要的措施，并统一下达指示。由于舆论界详细地报道了德累斯顿即将发生的事件，因此，全国各地的许多公民都在这天晚上拥进该市，企图拦住火车——必要时不惜动用武力——或在火车行进中跳上车去。人民警察虽然得到了哈勒专区的支援，但是仅靠警方力量很难阻止人群拥向火车站，难以确保列车无恙通行。专区民警局长只好向国家人民军总参谋部求援。与此同时，警方请我劝说国防部部长海因茨·凯斯勒定下施援决心。凯斯勒在审视局势后通过总参下达了有关指示。指示要求军队参加警方活动，但没有要求军队使用武器。

在 10 月 4 日夜里那段戏剧性的时刻内，双方动用了武力，但所幸没有死人。即便批准过采取强制行动，也不允许过分激烈。当天夜里火车总站所受的损失达到 50 万马克。经过我和交通部部长阿恩特的协商，后来再也没有此类列车从德累斯顿通过。

在紧接着的 10 月 5 日、6 日和 7 日晚上，德累斯顿居民和群众组织举行了示威游行，以抗议警方擅增警力，因为中央指挥部把此举说成“未经申请擅自行动”。在那些天里，我对这些事件还没有一个清醒的认识，不过我从来没有考虑过派工人战斗队出面维持，因为这支部队虽然是由人民警察负责训练，但动用它必须得到党委的同意。我当时的考虑是，群众之间不能互相冲突，用警戒部队对付晚上的游行可以避免国内政治安定被破坏。我之所以一开始未尽全力反对中央指挥部派遣警戒部队，后来又未对因此而引起的示威活动采取武力予以制止，原因即在于此。与此同时，我还意识到，唯有不采取武力才可能平息局势。由于游行者已把不动用武力作为示威行动的原则，因此有可能，也有必要找到一条避免示威群众与警戒部队发生武力冲突的途径。

10 月 8 日，教会代表主动出面调停。全国红衣大主教黑姆佩尔和大主教齐默尔提出愿与市长贝格霍费尔协商，希望从中斡旋，对布拉格大街上被警察部队包围的数千名群众发表讲话。沃尔夫冈·贝格霍费尔征求了我的意见，请求我在这种局势下给予支持。对我来说这是一次机会，可以达到避免武力冲突的目的，也可以不辜负教会代表的信任。本着这个指导思想，我向专区民警局长作了通报，并要求他在主教与游行群众谈判后以和平方式遣散游行群众。德累斯顿的决定是这些天里的首创，使局势走上了避免武力、实现对话的正轨。在这一天晚上，德累斯顿群众自发组成"20人小组"，这个小组在后来的群众运动对话和与贝格霍费尔市长的接触中起到了重要的作用。

由于这个事件的关系，我在这段时间里多次被问到我对国家安全所负的责任，也就是所谓的指挥权。我的答复是：民德40周年大庆期间发生的那些事件，具有十分错综复杂的政治特点。当时，像以前一样向劳动集体颁发了荣誉锦旗，宣布了一些特别项目的投产，批准了一些新建项目，同时还接待了众多的外国代表团，举行了各种民族庆祝活动以及其他很多活动。而晚间的游行是与这些活动相抵触的，它反映了群众对不民主现状日益增长的不满，对糟糕的市场供应现状的恼怒和对武力驱散游行队伍的愤怒。

在那些天里，我负责的工作包括对复杂的形势作出判断，并且每天同各方面负责人开会研究。我指的是党内负责政治工作的领导、专区议会主席、民警局代表以及专区安全局领导。开会研究的是有关建国40周年各种庆祝活动的政治宣传、活动日程和安全秩序等问题。

游行群众与教会代表乃至政府代表得以在10月8日达成对话，最关键的因素应当归于我们在政治上施加的影响和游行群众避免引起武力冲突的意愿。这也使警察部队的态度发生了明显的变化，他们对群众运动采取了宽容的态度。然而，现在总是有人要造成这样一种印象，即每一名国家安全人员、每一名军队成员、每一名统一社会党党员当时都对民主化进程持反对态度，好像群众组织是推翻旧政权的唯一力量。实际上与罗马尼亚的区别恰恰在于，那里的武装力量站在了人民的对立面，制造了血腥惨案；而民主德国则相反，在这些部门内部，已经有很多人愿意参与改革进程。

在那些日子里，我一开始并不了解警方任意逮捕了那么多人。直到我在参加国家剧院的一次群众大会时，才从一位发言人的亲身经历中得悉此事。于是我当即要求主管领导迅速恢复法律态势。

在那些日子里，包括后来的几周内，我和贝格霍费尔的行为与柏林的政策背道而驰。柏林方面要求我们恢复秩序和安全。昂纳克仍然以为这只是一段短短的小插曲。克伦茨则希望通过党中央领导发表一项声明来顶住党内迅猛增强的压力，从而继续控制这场运动。

贝格霍费尔和我的看法则完全不同。我们愿意同群众组织对话，以期在推行民主化改革方面达成共识。

于是，“20 人小组”被请来参加市政会议。尽管双方不无保留意见和不信任感，但毕竟需要一种勇气，才能使德累斯顿早在“圆桌会议”之前就开始对话与合作。

之后，数万人于 10 月 23 日聚集在剧院广场上，自发地要求同我和贝格霍费尔对话。这个呼吁是在十字教堂内传出来的，我们只是在大道上偶然听到这个消息。于是在这天晚上，借助于民警的一辆广播车，我们在避免武力和互相宽容的气氛下进行了一场公开讨论。此后，市议会和“20 人小组”呼吁群众参加 10 月 26 日的游行集会，就政治和改革问题进行群众性对话。在当晚这场戏剧性讨论中发言的，除了贝格霍费尔和我，还有所有其他党的代表以及“20 人小组”的发言人。与会的数十万人在广场上聚集了好几个小时。

对我来说，同新论坛组织的代表和同弗赖塔尔优质钢厂工人们之间的这一类对话，乃是转折的真正起点。这一切并非试图控制群众运动，尔后将其引入过去的轨道，而是旨在进行民主德国社会主义的真正改革。依我之见，这种改革早已具有必要性。我之所以在那些天里毅然在党内挺身而出，其指导思想就是这一点。

这种举动也给我个人带来了矛盾。例如，国家剧院群众大会的参加者们本想听到我对党中央领导层做法的尖锐批评，而我的观点是，批评固然必要，但这类批评必须在党中央内部进行，而不宜在公开大会上展开。当然，我的做法不能令大家满意。然而，在党性原则问题上，我不能够超越自我。

昂纳克下台

10 月 12 日，昂纳克最后一次召开了统一社会党各专区第一书记会议。这次会议终于提供了一次在党的领导层进行原则性批评和提出果断制定新政策要求的机会。这次会议是在为期两天的政治局会议之后召开的，会议结束时发表的公报既未客观评价当前形势，亦未提出改革方案。昂纳克在第一书记会议上发表了两小时以上的讲话。由于他的讲话比公报本来就不高的调子还要低得多，因此党中央领导在政策上的无力显得更为明显。

昂纳克讲话后，我第一个发言。我提问，他的看法是否代表政治局的一致观点？我接着说："如果是的，那么证明领导已经失去作用。"过了一会儿，昂纳克打断我的话，声称我是反对党的领导。他的指责没能阻止我阐述自己的立场。

会议本身也不能满足那些天的政治要求，因为除了我以外，只有汉内思·克姆尼策和京特·扬对党的领导提出了严厉的批评，并要求进行改革。其他专区党委书记都想避开这场已经太晚了的争论。

会后，克伦茨对政治局委员西格弗里德·洛伦茨和我解释说，政治局内还从来没有人这么尖锐地批评过昂纳克。他认为这是一个机会，可以在评价这次会议的同时也提出人事变动问题。

这次谈话后，我仍然没有下决心这样做，因为当时一直避免提出召开一次中央紧急会议的要求。正因为这样，我后来又给昂纳克打了电话，要求同他谈一谈。我是想劝他辞职，以便为今后的决策让开道路。但是谈话没有实现，昂纳克回绝了我提出的谈话日程。

早在10月12日的会议上，我就跟克姆尼策商量过这个要求，但是由于其他专区党委书记的态度，这个要求没有机会提出。

一方面是来自下面的压力，另一方面，政治局内部争执不休，要求略做一些人事调整，而不导致根本的变化，二者终于导致昂纳克的下台。所有试图把昂纳克的下台说成被推翻的说法，都没有抓住事情的核心。10月18日的中央全会证明了这一点。会前，威利·斯多夫在中央书记处书记们的陪同下向各专区党委第一书记通报了一个建设，即解除昂纳克、约阿希姆·海尔曼和京特·米塔克的职务。斯多夫建议由埃贡·克伦茨接替昂纳克的所有职务，并要求我们不要对此进行讨论。库尔特·哈格被委托去向中央委员中的作家和艺术家传达这一口径，但他坚决拒绝了。

中央全会的进程并不像希望的那样。斯多夫宣布开会后，昂纳克宣读的声明中毫无对时局的分析，而是把他辞职的主要原因说成健康状况。他建议由克伦茨继任。对此，既没有讨论，也没有人提问。所有人都对这个人事变动感到满意。海尔曼和米塔克这两位政治局委员和书记处书记的落选，被理解为排除昂纳克的势力。

就这样，大多数与会的中央委员认为这是一个胜利。他们没有意识到，正是这种半心半意的举动铺垫了一条使中央委员会不得不很快解散的道路。梅伯尔教授提出的要求对米塔克和海尔曼的解职作公开声明的动议，在当时来说几乎是一次小小的造反。我试图发起一次讨论，但是在过半数中央委员的反对下没有成功。当时，我想对当天《新德意志报》一篇题为《谈党所探索的真理》的文章进行批评，发言刚刚开始，就被政治局委员海因茨·凯斯勒和韦尔纳·克罗利科夫斯基打断。我只能说了以下这句话："今后，主席团内不能垄断真理，必须倾听其他意见。”我试图发起讨论的努力，就这样失败了。压倒一切的声音是：“埃贡必须作一次电视讲话。”

事态继续在发展。埃贡·克伦茨一字不改地重读了一遍他在中央全会上的发言。他在继任党中央总书记后的第一次公开讲话，就招来了群众和本党内部的反对。

紧接着发生的德累斯顿游行示威就证明了这一点。贝格霍费尔和我也参加了这次游行。后来，当克伦茨在人民议院当选为国务委员会主席和国防委员会主席，从而重新确立过去的权力集中于一身的状态时，要求克伦茨下台的呼声就更高了。

克伦茨在10月底访苏之前，希望得到我在党内给予合作的许诺。对他来说，有两个重要原因：一是我早就在西方舆论界被称为“可寄予希望者”，二是他料到戈尔巴乔夫会提到我是否合作的问题。

我们谈到了两种可能的模式：或者在政府内任职，置于斯多夫和取代阿尔弗雷德·诺伊曼的克莱伯的领导之下；或者担任中央书记处书记。当时没有作出决定，因为我还得考虑一下是否担任主管农业工作的书记。克伦茨认为，克罗利科夫斯基可以负责经济工作，因为他在政府内任职已超过10年。

戈尔巴乔夫和克伦茨于11月1日在莫斯科会晤时，没有谈到民主德国内部的真正情况。克伦茨根本还没看清国内的真正局势。而苏联方面对情况不甚了解，以为戈尔巴乔夫10月之行已经在民德产生了相应的影响。所以他们的想象是，以克伦茨和斯多夫为首的政府是能够恢复安定的。苏方又问起过我是否在党内合作，其他名字无关紧要。

关于群众运动和民主萌芽，关于各党之间建立新型关系从而为真正的合作创造良好基础的必要性，关于国家、教会和群众组织之间建立新关系的可能性等问题，统统都没有谈及。

从这次会见的记录看，谈话伙伴之间的坦率程度确实超过昂纳克与苏联党和国家领导人之间的谈话。但是，克伦茨实际上在访苏准备工作方面同他的前任一样糟糕。结果，此行的最重要之处仅仅是新闻界作了报道。试想一下，时隔 9 天柏林墙就将被打开，而在同戈尔巴乔夫的会谈中却一个字也没有提及，甚至没有暗示过这种可能性，可见双方距离现实够远的了。

在莱比锡、德累斯顿和柏林，也包括马格德堡、波茨坦、什未林、罗斯托克和许多其他城市，游行仍在继续。然而，只有在德累斯顿、莱比锡和柏林，人们才真正尝试进行党和群众组织、民主人士之间的对话。

在莱比锡，库尔特·马祖尔、教会会长马基里尤斯、专区党委书记罗兰德·韦策尔和其他人一起于 10 月 9 日呼吁各方不要诉诸武力。在柏林，京特·萨博夫斯基走上街头谋求对话。对话十分尖锐、激烈，但批评是充分说理的。对话的首要内容是排除国家安全部袭击和报复的可能性。

尽管我当时已经十分明确地支持民主改革，但我仍未认识到解散国家安全机构的必要性。在那个时候，我还墨守着秩序和安全的陈规，虽然我的观点是对不同政见者应持宽容态度。我的理解是，对每个公民来说，公共秩序、安全与和平游行、对话同等重要。

11 月 4 日在柏林亚历山大广场上举行的群众集会，使游行和广泛的对话活动达到了高峰。发言人的名单很长。所有人都要求推行真正的民主改革，并要求基本上仍是原班人马的党和国家领导人下台。所有发言人都表示渴望拥有一个比较完美的、民主改革的德意志民主共和国，要求公民们留在民主德国，为改革出一份力。没有一个人提到两个德国的统一，尽管当时相当一部分民德公民潜意识中德意志民族统一的幻想从来没有完全泯灭。不妨回忆一下 20 世纪 50 年代，当人们提出“德国人坐到一起来”的要求和建立两德邦联的建议时，曾得到两国政治家的一致支持。

打开柏林墙

当柏林墙建起来的时候，得到了华约的一致拥护。这并不是时任民德领导人的单方面决定。所有同西方国家接壤的华约国家，都采取了各自的边境警戒措施。人们当时一致认为，民主德国不能成为冷战的牺牲品，必须作为可靠的伙伴留在社会主义大家庭内。此外，作为与西方毗邻的前沿哨位，民主德国公开把西方称为阶级敌人。意识形态的教育就是这样进行的，把在边境发生的所有事件都说成阶级斗争的一部分和阶级斗争的反映。

1989 年夏天，当企图离开祖国的民德公民拥到匈牙利与奥地利边境时，华约解体的迹象已经明显了。匈牙利政府通过同西德的秘密谈判得到了开放边境的 5 亿马克报酬。民德提出的维护既定协议的要求被驳了回来。面对这种局势，民德党和国家领导人束手无策，昂纳克尤甚。他让人在德新社的一篇评论中加上一句话：不要想念那些出走的人。

克伦茨作了最后的尝试，企图控制住外逃的浪潮。他想颁布一项新的法令，从而根本调整出国旅行的可能性。在 10 月 24 日的政治局会议上，他委托有关部门起草一项旅行法，计划在圣诞节前解决这个问题。

在这次政治局会议上，以克伦茨为首的党的新领导显出了窘态：对自身问题的漠视，没有能力解决困难。进行必要改革的时机错过了。10 月 18 日后发生的所有事件表明，领导层对真正的变革既没有思想准备，也没有任何意向。

10 月 31 日提出了新旅行法草案，11 月 6 日正式颁布。这项草案对公民们来说是完全不能接受的。草案中规定的那些谁也参悟不透的拒绝理由，又可以为任意干涉提供条件。此外，财政问题也很明显。

11 月 7 日，政治局继续讨论新旅行法。原因并不是内部对公民们反对草案的现状有了新的认识，而是因为捷克政府威胁要关闭与民德的边境。捷克的态度使出国旅行问题仍然无法解决。

就在 11 月 7 日这一天，面对人们要求改革的不断增长的压力，斯多夫政府被迫下台。根据宪法，在新政府组成之前，斯多夫仍主持政府工作。

尽管直到今天仍然没有弄清 11 月 9 日开放柏林墙通道的内幕细节，但有一点是清楚的：这并不是有准备和有计划的决定。今天，谁也不要再想把自己说成打开柏林墙的英雄，因为根本就不曾存在这样的英雄。

前政治局委员萨博夫斯基在 1989 年 11 月 9 日记者招待会上宣布的民德公民旅行自由（毫无疑问早就应该有这个自由了），既不是政府的决议——实际上当时还是斯多夫在主持工作，也不是人民议院的决议——根据民主德国宪法，这类重大问题本应由人民议院讨论决定。于是，在 11 月 13 日的人民议院会议上，人们十分在理地提出了批评：此举完全违反了人民议院的规定，因为无论从政治上还是财政上讲，这本都应在人民议院的权限之内。

事先，也没有同西德联邦政府和西柏林议会磋商过与开放边境有关的财政、经济或法律问题。就连苏联方面也没有得到通知。正如克伦茨 10 月 10 日上午同苏联驻民德大使科契马索夫所通的电话中所证明的，苏联对这一步骤感到大为惊讶。在苏方看来，这一行动自然触及了苏联在柏林的直接利益。双方之间曾经交换意见，打算在民德南部打开一个或数个通向西德的过境口，愿意出境者可以从那里离开民德。对此，苏联没有反对意见。

根据我的记忆，在克伦茨 11 月 9 日宣读的那份决定中，有这样一段内容：从 11 月 10 日起，旅行法的大部分条款将生效，人民警察的地方服务机构应当简化旅行和出境手续，不必特别申报。就在 11 月 9 日的晚上，当我步行回到柏林我住的那家饭店时，途中有位年轻人问我，根据电台和电视台的报道，他应该从哪里出境？因为我当时还不知道萨博夫斯基在记者招待会上的讲话内容，所以根据政治局决定对他解释说，国家机构明晨将开始签发必备的旅行证件。年轻人很激动地反驳我说，许多边境通道已经开放，根本不需要特殊证件，连身份证都不用亮。

我对政治局决议的理解，也同本应在 11 月 10 日晨报上才公布的正式新闻公告是一致的。这个公告却同萨博夫斯基在记者招待会上的口径恰恰相反，本来是可以给公众一个准确的信息的。边防部队本来也应该在得到命令后再采取相应措施。唯一应该向值勤的边防军官兵道谢的，只是他们用很负责任的行动保证 11 月 9 日那天夜里边境地区没有发生冲突。

二、受命于危难之时

斯多夫政府辞职后，出现了由谁继任总理的问题。埃贡·克伦茨也在 11 月 9 日向中央委员会提出了补充政治局委员的建议。从会议进行过程中就可以看出，他们的建议只是半心半意，未经深思熟虑。关于政府首脑人选，会上决定向人民议院呈递建议，选举我担任总理，并委托我组阁。在中央委员会的选举中，波茨坦第一书记京特·扬对我提出质疑，指责我在德累斯顿参加过一次示威游行，游行中有人提出反对克伦茨的口号。事实是这样的：早在 11 月初开始，游行和集会中就有很高的呼声："埃贡不是我们的人！"这种呼声后来在党内也逐渐高涨。当克伦茨 11 月 3 日在一次向全国播放的电台、电视台讲话中提到"由我们领导的这一场政治改革……"这一说法从而把党的领导人说成民主改革的先驱后，人们反对他的呼声进一步升级。

在统一社会党中央委员会的决议中，没有提名其他竞选人。像以往一样，表决时一致通过。我为这次会议准备了一个讨论发言，这个发言在中央全会上被理解为属于政府声明范畴，而在许多人看来，同时又是对克伦茨那些毫无新意的观点的反驳。此外，从社会科学院院长奥托·赖因霍尔德在党中央会议上的讲话也可以看出，在社会科学院那里也别指望有什么改革方案。

在那些天里，我逐渐清醒地认识到，所谓的组阁只不过提供了一个机会——组成一个由所有政党参加的大联合政府。这不仅要在政府声明中以某种形式的各党联合计划体现出来，而且应在各部人选的安排上有所反映。这一设想也要求统一社会党中央机关不得在政府工作中过多干预，而应由政府自行考虑和决策。基于这一认识，我请各党主席，包括统一社会党总书记一起于 11 月 13 日在人民议院大会上就联合执政问题进行对话。

联合执政首次会议的议题是各党对总理人选的表决，以及人民议院代表大会的准备工作等其他问题。到会者除了克伦茨外，还有基督教民主联盟的洛塔尔·德梅齐埃、德国自由民主党的曼弗雷德·格拉赫、德国国家民主党的京特·哈特曼和德国民主农民党的京特·马洛伊达。

日程的一个重点是新选人民议院主席。罢免现主席辛德曼已无必要。此外还有一点要明确，即上届政府应当怎样下台。为了在以后的政府声明讨论中摆脱卸任政府的阴影，我们一致决定在这次人民议院会议上即对斯多夫内阁部长进行质询。

统一社会党没有提出人民议院主席人选。自民党和农民党各自提出本党主席作为候选人。

在第一轮选举中，出席议员为 478 名，德赖法尔教授（文化联盟）获 53 票，格拉赫教授（自民党）获 111 票，马洛伊达博士（农民党）获 185 票，米尔曼博士（国家民主党）获 61 票，维因克女士（基民盟）获 62 票。5 票无效。由于没有候选人获得绝对多数，因此有必要进行第二轮投票。在关键的选举中，格拉赫获 230 票，马洛伊达获 243 票。对格拉赫来说，这是一次很大的失望。此次选举结果在后来的联合组阁谈判中一直起到作用，因为在分配部长和国务秘书名额时理应有利于自民党。

人民议院大会选举马洛伊达任主席，这确实是个出人意料的消息。事后很快证明，这是个很好的决定，因为马洛伊达以他高度的政治责任感、个人的热情和突出的干练履行了职责。当时，选举中的失败者格拉赫同我们其他人一样没有料到的是，他在几周后便取代克伦茨担任了国务委员会代理主席之职。

对部长们的质询，变成了有点儿像令人不愉快的演戏。多年的政治局委员、国家安全部部长米尔克在安全部所作所为问题上面临很大压力，他表白说："我爱所有人，我是爱你们所有人的！"斯多夫、财政部部长赫夫纳、人民议院主席辛德曼和其他人也扮演了这种可怜的角色。他们的表演证实了戈尔巴乔夫的话："迟到者将受到生活的惩罚。"

此外，我想对斯多夫政府的特点作一个评价。通过一批内行的部长，这个政府的工作无疑取得了出色的成绩。我这样说不是替自己辩护，也不是替他们辩护，尤其不为那些同时也是政治局委员的那几位辩护。我这样说是想指出，政府在当时的权力机构中实际上究竟起着什么作用；同时还想说明，我理解中的政府职能完全不同于上届政府，它与政党、议院的关系应该得到明确。依据民主德国的宪法，部长会议受人民议院的委托，对国家政策的统一执行实施领导，对外交、经济、文化、社会乃至受托的国际任务的完成实施组织。部长会议的工作应对人民议院负责，并有义务向人民议院提交工作报告。

实际上却非如此。多年来，在当时党领导的决议下（往往是个别领导人的意图），除部长会议外，还存在着一套机构，这套机构实际上行使着政府权力。部长会议成员和政府机构的其他领导，从统一社会党中央机关的有关部门受领指示。在许多情况下，党中央办事机构绕开政府直接指挥和控制；

在另一些情况下，政府则单纯是执行根据党中央政治局、书记处或其他党委组织决议所制定的所谓“具体决定”的机构。在这种情况下，政治体制名不副实，政府在国家中应有的地位被剥夺。基于对上述现象的认识，我在行使总理职责时一直注意予以修正。

11 月 13 日的人民议院代表大会上，出现了一些新的迹象，尤其明显的是在评价过去时的激烈争论。所有党团的发言人都阐明了自己的立场，要求改革人民议院的工作。马洛伊达在会议结束时这样宣布：“第十一届人民议院代表大会结束了，这是民主的一课。”所有参加联合议政的政党都很清楚，时间是决定因素，当务之急是要迅速行动起来。我们一致决定，11 月 17 日就召开人民议院大会讨论政府计划和内阁名单。对我国来说，这几乎创了一个纪录。在后来的几周和几个月里，时间的作用越来越重要，常常给我们带来很大的困难。

组阁

我事先预料到和担心会发生的事，果然成了痛苦的事实：在统一社会党的科学机构提供的正式研究报告中，根本没有提出彻底改革的任何方案。党中央机关不可能是我们的伙伴了。目前急需新的设想、方案和建议，事实上必须同时进行许多项综合性工作。在最短的时间里，不分昼夜地工作，务必拟出政府声明的草案，并征得所有执政伙伴的一致意见。同时，必须共同议定政府工作的重点和人事安排。

在人事方面，我面临的问题首先就在本党内。当时的党中央和国家法律局局长京特·伯梅给我提供了一个名单，据称是经过克伦茨认可的。事实表明，党的领导人根本没有对那些人选进行过参加政府工作的思想动员。于是，这些工作也只好由我来承担。

组阁时，我努力把政府成员的人数从 44 人缩减到 28 人，并尽可能新任或换任原来的内阁成员，同时为导入一个新的体制迈好前几步。尽管统一社会党以 16 个席位仍在内阁上占据首位，但其他执政党所占的 12 个席位比斯多夫政府多了 8 席。

同自民党的谈判特别困难，因为格拉赫在失去人民议院主席的位置后，想从部长会议中得到平衡。于是，最终自民党的彼得·莫莱特博士担任了部长会议副主席。莫莱特在领导和支持各专区、各县的地方性国家机构的工作中，表现得非常负责。后来，他又在中央圆桌会议中代表了政府。自民党此外还获得了 3 个部长席位。

基民盟提议由该党新当选主席洛塔尔·德梅齐埃担任部长会议副主席。他还兼管当时十分重要的教会方面的工作。我们这样做是想表明政府愿与教会良好合作。基民盟还接管了两个其他部。国家民主党和农民党各掌管两个部门。农民党在中断几十年后重新负责农业、林业和粮食经济。该党只是在奥托·格罗提渥政府中短时间占有过这一席位。汉斯·瓦泽克博士成为新任主管部长。

统一社会党的名单虽然还有一些问题，但也有出人意料的积极方面。突出的是女性人选。遗憾的是女财政部长乌塔·尼克尔提前遭到淘汰。本来她是个很理想的合作者。

克里丝塔·卢夫特出任负责经济工作的副总理，受到了高度的赞许和信任。当我与她就参与政府工作问题进行谈话时，她感到很惊讶。起初，她以为我是请她提供柏林经济学院对经济改革的研究成果，没想到竟让她入阁亲身实现这一改革设想。我直至今天仍然感到欣慰的是，卢夫特接受了与我合作的请求。我对她的尊重，不仅在于她是一位富有经验的经济学家，而且还因为她热心、坦诚和友好的人品。还有汉内洛雷·门施女士，她在担任劳动部部长的短短时间内，为民主德国公民的社会利益作出了很多贡献，直到两德合并条约的签订。在此我仅想举几个例子，如提前退休的规定、国家公务员的工作培训、创造就业机会的计划等。

直到本届政府的任职最后一天，我同德梅齐埃之间始终保持着一种充满信任的关系，尽管基民盟内部以总书记基希纳为代表的一股力量试图离间我们，并唆使他退出政府。德梅齐埃同我可以互相取长补短。我在政治方面带来一些经验——尽管不足以主政一个政府，而德梅齐埃在法律方面知识丰富。正是在他的指点下，一些法律和规定在措辞上显得十分精确。即使在这个合作的时期过去之后，我们之间的互相尊重和私人交往也一直得以保持。虽然后来有过一些对他的批评，但这个时期的合作不会因此而被淡忘。他感到很遗憾的是，他日后出任总理时面临那么大的压力，以至于他的国务秘书克劳泽，即所谓“民主德国的第一位联邦德国公民”，在同波恩谈判时的决定权竟然比他本人还大。

事实证明，当时决定留用几名有经验的前部长是正确的，如外交部部长奥斯卡·菲舍尔和外贸部部长格哈德·拜尔。他们二位都在东、西方各国拥有较高声望，这正是过渡时期所需的，对民主德国的国际影响具有重要意义。

在联合执政谈判中，组建一个国家安全局的方案没有引起任何政党的质疑。尽管如此，我不得不自问一下，究竟为什么会导致这个方案。首先，这是个旧观念下产生的名词；其次，用今天的观点看，距离太大。

在 11 月，我们的工作还本着民主德国的长期存在这一着眼点。基于主权国家民主德国的存在，自然应考虑内部和外部安全。我的初步设想是只保留一个部，即内政部，该部应包括所谓的国家安全工作。内政部部长洛塔·阿伦特不同意，因为他担心本部负担太重而导致工作不力。统一社会党中央负责安全工作的沃尔夫冈·赫格尔和统一社会党提名担任部长的沃尔夫冈·施瓦尼茨，都主张保留国家安全部的机构。他们只是赞成这个观点，即有必要对任务和机构作彻底改革，而不仅仅是更名为国家安全局。

圆桌会议于12月要求撤销国家安全局。起初我对这一要求的答复是，建议像西德那样成立两个机构，分别负责宪法保卫和国家情报工作。这个建议遭到反对，圆桌会议声明这一步骤在新的大选后才能准予考虑，目前应立即讨论并执行解散安全部门的决议。政府根据这一精神进行工作，我遂于第十四届人民议院大会（1990年1月1日—12日）上宣布："国家安全局予以解散，所有旧的安全机构因而全部撤销。"在5月6日，即原定人民议院新的大选日期之前，将不组建宪法保卫机构。

主要是由于群众组织的压力，当时已经辞退了3万多名原安全部人员。这个机构的真正规模，它下设的盘根错节的机构，以及它监视、监听范围之广，从这时起我才逐渐窥见端详。至此我才完全理解，为什么那些来自群众组织的圆桌会议代表对安全机构如此憎恨。他们中的许多人曾经是这类犯法行为的牺牲者。在过去的民主德国内，确实存在着这种闻所未闻的犯法行为。

当时，政府采纳了圆桌会议关于解散国家安全部、国家安全局的所有建议和要求。尽管组建国家安全局是所有联合执政政党的共同决议，但我今天仍然认为，我当时没有立即着手解散整个安全部是个错误。诚然，这一步骤丝毫无补于以往的过失，但此举却可以使政府在展开工作时更快地发挥作用。

事实很快证明，保留以格哈德·许雷尔为主任的国家计委也是失策。到12月底，许雷尔本人亦认识到这一点，于是请求辞职。这不仅关系到建立一个体制和责任全新的经济机构，而且标志着统一社会党最后一位原政治局委员退出本届政府。许雷尔自己意识到了能力的限度。由于我知道他为反对京特·米塔克那种行政干预式、不科学的经济领导方式进行过努力，所以对他具有信任。我们在相互尊重的心情中分手了。

回过头来再谈谈联合政府的组成和联合执政党政府声明的起草过程。统一社会党 1989 年 10 月 11 日发表的声明，表明它已远远落后于新形势的要求，从而无法承担早就有必要进行的民主改革的责任。改革的转折是由群众运动引发的。从某个时期开始，新成立的政党或多或少地积极参与了改革的进程。在统一社会党内，这类努力是从基层开始的。例如，在德累斯顿专区弗赖塔尔的优质钢厂内，工会会员和统一社会党党员在 11 月间召开的一个群众大会上，对一项关于社会主义民主改革的方案进行了激烈的辩论，这个方案的内容远远超出了统一社会党中央 10 月的那项声明。大会赞同我对改革方案的意见，委托我在 11 月的党中央代表大会上代表他们提出那项改革方案。钢厂工人的支持，对我来说是十分重要的。

所有政党在 10 月起草了本党对民主德国社会主义改革的原则立场文件。这些文件大大超出了统一社会党领导人的立场，比较鲜明地赞成群众组织的要求，比较明显地表达了中间阶层和农民的利益。这一点在 11 月 13 日人民议院代表大会的辩论中也体现出来了。在分析局势和讨论必要改革的方案时，统一社会党发言人韦尔纳·雅罗温特基的观点与其他各党的发言人相比要落后得多。各政党和群众组织的发言人在这次会上就明确要求成立新政府。他们表示支持一个真正为民主化而工作的人民议院，要求政府置于议院的严格监督之下。

在我当选总理和本届内阁于 11 月 17 日获得批准之间的那几天内，我的处境十分特殊。由于民主德国宪法规定，卸任总理在新政府组成前仍然主持政务，所以斯多夫坚决不许我踏进他的办公室，不得对确保国家安定提出任何建议，因为这是政府事务。在那些日子里，这样的建议恰恰又是最急迫所需的。我在 11 月 14 日同部长们就保障经济和群众供应问题谈了话。斯多夫称这是违宪行为。而他本人却不闻不问，甚至不去上班，听任这个国家在这样动荡的情势下随波逐流。他这种普鲁士式的“社会主义思想”和丧失理智的行为，在这些天里表现得尤其明显。

于是，我只好在柏林“施普雷河畔”饭店组成我的大本营，以便起草我的政府声明。为此，我必须抓住三个问题加以解决：

首先，我必须起草自己政府的方案，才能同其他人进行磋商。即使我的草案在磋商后必须作出很大改动也无妨，它毕竟是我的基本出发点，可以用它来衡量、理解他人的意见，当然也包括接受他人的意见，因为我在交换意见时一向是坦率的。

其次，我必须选择起草方案的合作者和交换意见者的范围。我的考虑集中于四个方面。第一应该有科学家参与。这部分人当可带来经济改革设想、国家和外交政策，尤其是发展与西德关系的政策。机构改组方面的工作，主要由以迪特尔·克莱因为首的洪堡大学、以克里丝塔·卢夫特为首的经济学院和外交部的专家们来负责。最后是在前任部长的范围内，选择几位拥有专业经验、并在一个时期以来反对斯多夫政府的既定方针和工作方式的人选。他们中包括建筑部部长沃尔夫冈·容克尔和计委主任格哈德·拜尔。前者是我的好友，他的一生结局是那么悲惨。在中央许多次对我在德累斯顿的工作批评和进攻时，他常常站在我的一边；后者在对外经济方面知识出众，对本国经济的需求也很了解。此外，还选定菲舍尔负责外交政策，布鲁诺·利茨负责农业政策，汉斯－约阿希姆·霍夫曼负责文化工作。

我新近相识的斯多夫的国务秘书哈里·默比斯，立即表示愿意同我进行充满信任的合作。

最后，我还要选择个人的科学助手。这个助手应当在将来的政府工作中也给予辅助。我在柏林工作期间，尤其在20世纪60年代，结交了《柏林日报》编辑部的卡尔－海因茨·阿诺特。我们之间当时有过几次激烈的辩论，他正是通过辩论得到了我的好评和尊敬。因为我们之间建立了信任关系，加上他自己也看到了参与他早就认为有必要的那些改革的机会，于是他接受了我的请求。在后来出现的所有问题中，我们有两个没能预料到，对此我们并不后悔。我们的工作风格便是讨论和明确责任划分。没有时间重复劳动。我们的原则是三议三思而后定。我们非常重视对联合执政各党派所提方案的缜密分析，以期在社会主义民主改革的模式和政府声明中的经济发展途径上吸取有益的建议。在这里，我必须对部长会议技术部门的勤奋、忘我工作的助手们表示谢意。没有他们在我从饭店搬到办公室之前所给予的合作，我们在那些天里就会一事无成。

由于我把名副其实的新政府理解为一个大联合政府，所以立即把以往的旧原则——先经统一社会党领导层审批，尔后交各联盟党通过——予以取消。我的目的是做一位并非为一个党，而是为全体人民服务的总理。为了实现这一目的，废除旧原则是重要的一步。政府声明的第一稿成熟的草案，同时送交所有联合执政党审查和征求意见。尔后，于 11 月 15 日交联合执政会议深入讨论。各党之间达成协议的所有修改意见，都纳入了草案。11 月 17 日提交人民议院的那份政府声明，是经过所有五个政党全体代表的激烈讨论后通过的。此举的目的是在民主德国继续存在的前提下进行社会主义民主化改革，并重新调整与西德的关系。

尽管当时还没有圆桌会议，但我们已经在努力听取和尊重群众运动中业已表达的想法。重点是 11 月 4 日柏林声势浩大的群众集会上提出的要求和宣言。

从政府声明中引一段话，可以说明当时各联合执政党之间的共同立场："要求民主化革新的过程是形式多样的、互相矛盾的、愤怒宣泄般的。它是由数十万人民发起的。群众怀着发自内心的激情走上街头，要求社会主义社会和国家进行改革。这一意愿鼓舞了数百万公民，从而形成了一支政治力量。各政党和政治组织遂自发地站了出来。本届政府对那些要求建立一个美满社会主义的民德人民负有义不容辞的责任。"

政府和人民议院决定推行彻底的改革。人民议院在 11 月 13 日即成立了一个调查委员会，调查滥用权威和权力的现象。

与其他说法恰恰相反的是，这个委员会对我们政府给予了全力支援。

经济改革的开端

在接管政府工作时，我们首先必须对国家的经济现状有一个确切、全面的了解。因为，斯多夫政府并没有提出一份翔实的报告。确切了解态势是经济改革计划正确起步的前提。

分析的结果很严峻。这个结论并不是我们的想定，我们并不想从一开始就对出现的经济问题开脱我们的责任。我们的考虑首先是采取紧急措施，以保障群众供应、维护经济稳定，尤其是着眼于即将到来的冬天。

同时，我们的改革需要一个稳固的起点，因为我们打算在3—5年的时间内实现深刻的变化。在这方面，我们十分关注苏联、波兰和匈牙利的局势。这三国已经开始改革，但经济形势却不断恶化。

经济改革从一开始就同政府计划的总体方案相结合，而且建立在与西德的合作协议范围内。我在11月17日的政府声明中对东西合作提出过建议，科尔总理跟我在德累斯顿也曾就此达成一致意见，甚至探讨过建立全新经济伙伴关系的设想。此外，科尔总理在我当选部长会议主席时发来的贺电中这样写道："我想利用这一机会重申联邦政府支持深刻转变和彻底改革的意愿。"这是一种原则上的许诺，但从未兑现过。

我们在经济分析中未作任何粉饰，但我们并没有因为后来很普遍的那种总体评价——民主德国的经济已经衰竭——而失去对国民经济效力的信心。对我们来说，主要的批评意见是：经济结算被歪曲，甚至有些项目被篡改；企业缺乏竞争力；毫无民主特点的工会干预；专断的投资政策导致国民经济比例失调的现象日趋严重，并阻碍了科技的发展；生产能力和国家财政收入自

1986 年以来发展尤其缓慢；不断加重国家经济补贴的社会福利政策建立在国家债务的基础上，使国民经济效率不断降低，从而必然导致“经济和社会福利政策相统一”这种严重疲惫的循环毁灭性受阻的恶果。我们尖锐地谴责那些对人民代表组织和舆论界封锁真情和充其量只提供一半真情的做法。我们坚决地向中央集权经济开战了。

早在转折开始前，我就曾在可能性很有限的范围内试图对此进行有效的批评。1988 年 12 月，我在统一社会党中央第七届全会上表态，赞成改变完全错误的价格政策和难以承受的国家补贴政策。我当时提到的第二个问题关系到企业的经济效益和产品之间的重新确定：“责任制经济要求较高的个人责任感、较少的空头指标，责任制经济要求经营者充分利用国民经济发展可行的经营领域，责任制经济还要求从厂长到班组长乃至最基层的集体都具有更高的主人翁责任感。”

如果以为我的批评只是未被理睬而已，那就错了。1989 年 2 月，以米塔克为首的检查组在德累斯顿大抓了一阵，其中一项主要内容是对我那种反对党的领导的观点进行清算。

如今常常有人问，我们当时的经济改革方案究竟有没有成功的机会？我们的方案从社会学和生态学角度看是比较容易吸收消化的一种市场经济模式，但往往受到批评和抨击，认为它在经济上是不可行的。须知，西德的批评者们本来不应该这样轻率断言。他们毕竟还是支持苏联在民主化基础上按同样的市场模式进行的尝试呀！也许只是一时口惠？如果科尔总理呼吁别人帮助戈尔巴乔夫，人们自然会认为，这一呼吁不仅意在支持“新思维”和维护世界和平的政策，而且也支持苏联引进与民主社会主义成分相结合的市场经济。对波恩政府这类政策的可信赖程度，我不想再作评论。

我们拟定的民德转折后经济发展方案，将稳定国民经济的计划视为第一阶段，需要几年的时间。行政命令式的体制应当向民主法治的国家的体制转变，而新体制应建立在各经营单位和乡镇的独立、首创精神的基础之上。

因为时间紧迫，我们立即于 1989 年 12 月 14 日在政府内通过了一项经济稳定计划。这项计划的四个重点是：稳定物资生产，尤其是原料工业的生产；稳定国内市场；稳定金融、财政、信贷和货币；稳定对外经济关系。

这些稳定经济的步骤应当同经济改革相结合。由于本届政府时间紧迫，也没有机会进行经济改革（这一点很快就表现出来了），因此这些措施所取得的效果比较有限。

尽管如此，1990 年 2、3 月的工业和建筑生产还是略有回升。在边境开放、西德和西柏林公民以不利于民德的货币兑换比价大量购买民德商品的情况下，居民的基本供应仍然得到了保证。

但在这一年的后来几个月，这一发展势头没有能够保持住。1990 年第一季度的经济下降 4%—5%，而货币统一后的下降幅度超过了 45%。由于民德地区成为西德地区的市场范围，西德向民德倾销商品的可能性越来越大，所获利润越来越多。

经济改革未能实现起步的另一个原因是，移民的潮流仍在继续，而西德政府在政治上的借口已无法成立的情况下仍然给予怂恿，直到实现货币联盟为止。此外，西德政府没有诚意为民德公民的利益而同我的政府就实质性问题进行磋商，也没有提供某些急需的财政援助。在民德内部，西德政府的行为导致越来越多的居民要求尽快统一。

政治体制改革

我们的政府计划也着眼于政治体制改革。在 1989 年 11 月 17 日的政府声明中，这一设想是十分明确的。声明指出："社会主义社会的更新过程要求对政治体制进行改革。对此，各政党、群众组织、教会和新成立的公民团体都具有共识。基本目标是建立一个社会主义新社会。在这个社会里，公民的希望和自决权均可实现，公民有权利期待一个并非管理他们，而是服务于他们的社会主义国家。这个国家必须促进目前的民主化改革，同时又确保和平共处，使工作不受干扰，以保护公民的权利和尊严。”这个态度一直是政府的指导思想。

关于司法部部长的任命，自由民主党内部有过一些问题和困难。根据各联合执政党之间的协商，司法部部长由自民党出任。起初，按照自民党的愿望由原部长继续留任，也就是说由斯多夫政府的汉思－约阿希姆·霍伊辛格继续担任司法部部长。然而，该党内很快就有人抗议这一决定。于是，自民党又提出新人选库尔特·温舍尔。温舍尔在本党获得了必要的票数。在政府中，他的专业知识和在建立新型民主法制方面的忠于职守是显而易见的。后来针对温舍尔的攻击，纯系人们在革新和民主改革过程中缺乏宽容所致。

许多项法律曾经提交人民议院。这些法律导致必须修改宪法。尤其包括那些关系深化民主改革的法律，如选举法、政党法、结社法以及一度引起争议的保障言论、信息、舆论自由的决议。

对公民们来说，尤其重要的是旅行法。以前在起草该法时半心半意，执行时又缺乏考虑。现在必须提出一项与法制国家原则相适应的法律。与此同时，理应在必要的财政条件方面同西德共同协商并共同执行。

经济问题的制宪牵涉面十分宽。手工业法的内容包括了发展手工业的重要步骤。在经济发展中，要求手工业领域放宽限制的呼声比较高。为解决这个问题，同手工业的代表们进行了民主的合作。像律师这种对法制国家建设十分重要的事务，也在同时给予解决。律师法对于未来是重要的一步。两个德国之间签订的统一条约里有许多模棱两可的含混之处，这就为律师这个职业群提供了其他任何行业无法比拟的优越机遇。

还有两项重要的法律也已着手制定。虽然这些工作是在本届政府任期内进行的，但这两项法律却在 3 月 18 日以后才提交人民议院表决。第六次刑法修改法会议的重点是删除刑法中所有政治犯罪事实构成条款。作为刑法修改后的必然结果，亟须一项对因政治原因而受法律制裁者进行平反的法律。这项法律也是本届政府起草的。一些人贪天之功以为己有，实际上许多工作原本是由我的“过渡政府”进行的。

后来，在舆论界的引导下，掀起了对“倒卖房产”的谴责。实际上，出售房产的依据是 1972 年的一项法律。在本届政府之前，已有大约 2 万栋房子根据这项法律被国家出售给私人。我的政府任期内，只有部长会议的一个服务机构所管理的 62 栋房子被出售，不多不少，62 栋。事后在 1990 年 6 月的检查中，只对其中两宗售房案提出了质疑，其他合同都合法有效。后来，德梅齐埃政府中的国务秘书京特·克劳泽也根据此法买了一栋房子。

教育和文化在政府的政策中占有重要位置。我们制定了一项新的教育法，旨在坚决排除政府对学校进行行政监督的现状。高等教育的改革也开始着手进行。今后的国民教育，应使各种政治、世界观和宗教的流派均能接受。尽管时间仓促，我们还是制定了在大中学校实现民主化的重要措施。

在文化政策方面，我们的原则是：“一个政府的艺术政策无法创造艺术。它应创造能够自由和不受限制地发展艺术的条件，从而促进艺术。”多年来，文化领域内的限制和检查太多，因此这方面的要求较高，事实也证明我们的步子很大胆。12 月间，文化部部长会见了沃尔夫·比尔曼，此举的意义超过了一般性的姿态。

2 月 26 日，政府向圆桌会议提交了一份关于文化政策基本问题的报告。这是 3 月 7 日人民议院第十八次会议筹备工作中的一个重要步骤。这次会议的最后一项付诸表决然而又十分重要的决议是“国家对文化和艺术的保护和促进义务”。作为文化委员会的报告人，议员格罗·哈默尔当时就要求各社团，在个人责任制不断扩大的情况下不应放弃精神文化生活。今天，东部各州内已经没有文化保护措施。展览馆在为继续生存而斗争，剧院只好自行紧缩，出版社看不见生存机会，作家和艺术家难以维持生存的基础。

政府声明中还断然拒绝两德重新合并。声明建议两德之间建立一种远远超出基本法和现有各项条约、协议范围的条约关系。这一建议也是我们对建立欧洲大厦的一个贡献。当时被视为超过民德和西德两国边境的广泛建议，很快就被时局的发展淹没了。

政府声明的结尾是："本届政府将是人民的政府和劳动者的政府。它是和平与社会主义的政府。争取和保持人民的信任，是我们的基本使命。"

我们确实做了很多工作；人民的信任也确实伴随过我们，但是，道路的艰难远远超出我们组阁时的预料。所有联合执政党的党员和部分人权组织所怀有的共同理想，即在民主德国实行民主化——尽管这一进程因昂纳克的阻挠而过迟开始，终究未能实现。

各联合执政党平等合作

我从一开始就努力在各联合执政党之间建立真正平等的合作关系。某一个党的领导作用已不存在。我坚守这一原则，定期邀请各党聚会。

召开这些会议的需要及其必要性，不仅取决于政治局势，而且取决于这个集体之间的亲密关系——尽管有时会产生相当激烈的争论。各党主席都坚持每次到会，这本身就说明对合作意义的重视。

在 1 月中旬以前召开的其中几次会议，特别值得一提。当圆桌会议接管工作时，我们这些所谓的老党视自己为一个党团，而群众组织和社民党则视自己为在野党。从这种现状出发，我们商定联合政府共同参与圆桌会议议政。这几次会议有助于政府采取圆桌会议方式讨论具有原则意义的各种问题。本着这个精神，我们这些老党在圆桌会议问题上达成了一定程度的协调，但在联合执政党代表问题上却不尽然。我的本意并不是要施加影响，我的出发点是确保对国家的管理，阻止混乱现象，为民主化改革创造环境，并通过政府措施有效地进行改革。

为了达此目的，我们还在12月底召开了一次秘密会议。在一整天的会议上，各方专家作了报告，对选举法提出了各种不同的方案，也对政党法的草案和与此有关的修宪问题进行了讨论。通过这些会议获得的共识，有助于各党和政府协调地、建设性地进行圆桌会议上和人民议院内的工作，提高工作效率。

在这些会议的议程中，也包括政府的国际影响。我曾向会议通报了1989年底戈尔巴乔夫和布什会晤后华约政治协商委员会莫斯科会议的内容。在那次莫斯科会议上，克伦茨还以国务委员会主席的身份参加，但几天后他就应我国许多人的强烈要求而宣布辞职。

我们通过莫斯科会议认识到，在欧洲和平进程中，两个德国之间的关系所占位置更为重要了，应当充分利用民主德国对欧洲范围内和平共处能够起到的作用。

在我任职期间，另一次重要的国际会议是1990年1月9日和10日在索非亚召开的经济互助委员会的最后一次会议。我们联合政府当时的一致意见是：推动经互会的彻底改革，但赞成它的继续存在。鉴于此，我参加了这次会议。我建议由卢夫特女士率一个工作小组，起草一个改革方案。会上，普遍倾向于建立市场经济和迅速过渡到双边贸易以自由兑换货币结算。此外，可以感觉到摆脱古巴、老挝、蒙古和非洲国家的意向。以部长会议主席雷日科夫为团长的苏联代表团在谈判中表现出受到很大内政压力的样子，一再要求各国对苏联提供的原料支付硬通货。

对我们来说，这意味着民主德国必须在机械制造业领域改善竞争能力，使机械产品得以像硬货币一样进入苏联市场。通过对西方国家的出口获取在经互会内部贸易中所需的外汇，这种可能性在我们看来并不存在。民德的债务已达大约 200 亿马克，早在几年前就开始每年偿还高额利息。东欧国家所欠高额外债在多大程度上导致了它们的经济危机？西方债权国又从中赢得了多少利润？如果对此作一番调查，将是令人感兴趣的。

一次重要的经济会议

在政府工作中占据最重要位置的，也许是经济、居民供应和公民的社会保障问题。政府在 1989 年 12 月 9 日召集了中央直属联合企业和外贸企业的总经理、各专区经委主任和建委主任的会议。我们想交换一下对稳定国民经济和今后经济改革步骤的意见。在这次充满公开性的会上，大家主要对当时仍然存在的计划委员会提出了批评，认为撤销计委的步子太慢。直到现在，还是由计委规定各企业的计划指标，并制定重要的财政决策。在外贸方面，我们已经迅速采取措施，大大限制国家对外贸的垄断作用，使各联合企业获得这方面的自主权。但是，由于国家的高额债务，仍须向联合企业征收大量外汇，以确保国家的偿债能力。各专区经委果断决定，将进一步加快实现改革的步伐。改革措施中包括给专区下属的联合企业更多的决策权乃至企业分散经营的一定权限。在这种情况下，重要的是经营领导人应勇于承担责任，集中精力解决稳定经济方面的紧迫问题，克服一切困难，首先确保第一季度计划的完成，尔后在 4 月向人民议院提交 1990 年的计划。第一项任务还是完成了。但是，在 3 月 18 日大选后，新政府根本没有向人民议院提交过 1990 年的年度计划，无论是国民经济计划还是国家预算计划。

在我们稳定国家的共同努力中，1989 年 12 月的这次会议占据特殊的地位。它有助于阻止经济崩溃，阻止随之而来的大量失业和严重的社会后果。1990 年秋季，人们一再提出经济“伙伴结组”的问题，并指责我在选择伙伴问题上是积极的撮合人。那么，我不禁要反问，如果我在 1990 年第一季度把各联合企业的总经理和所有负责企业工作的领导人统统去职，其结果会怎样呢？答案只有一个：将导致经济混乱。

在整顿和稳定企业的措施中，也包括托管机构的建立。这一措施是在3月大选前本届政府的决议下产生的。当然，当时对托管任务的要求远远不同于它后来的效果。根据我的内阁——在吸收反对党代表后，本届政府已成为负有全民责任的政府——的设想，全民所有制的联合企业和中小企业应当转变为股份公司和股份有限公司。乌尔曼部长的建议是设立人民股份，使个体公民得以购买这一财产的公有权。这个建议至少在现实上是个好主意，但是，正如后来的托管机构主席罗维特先生在1990年夏天所说的那样，人们空等了一场。作为托管机构的首脑，他的工作也很快就游离了稳定和整顿企业的政策，而是热衷于搞私有化。

始终关心居民的供应

广义上的供应问题，一直是本届政府始终最为操心的。在边境开放、政府大量补贴和货币兑换比价不利于民德的情况下，对我国的商品形成了很大的压力。因此，在一段时间里，要求人们在购物时出示民德身份证。这一措施并非十分有效，只是阻止了波兰公民，以致引起这个东部邻国的抗议。此外我们还要求科尔总理采取一项共同措施，以分担一部分负担。这一要求没有得到满足。于是，我们在1989年圣诞节前额外投入外汇基金，增加商品进口。在沙尔克－戈洛德科夫斯基掌管的商业协调局归隶外贸部后，我们还利用了从这个局新发现的基金。尽管事情一波三折，但通过全国公民的勤奋努力和政府的审慎工作，供应得到了保证，从而为国家的稳定作出重要贡献。

12月20日，我和库尔特·辛胡贝尔来到吕贝瑙地区的电力厂和露天煤矿，同工人们一起就能源和取暖供应问题进行讨论。他们的主要担忧是缺乏机械零配件。有些问题我们可以解决，但许多问题无法解决。于是政府从这时起制订以综合方式缩减褐煤开采量的计划。第一步是想把褐煤生产量从3.2亿吨减少到2.8亿吨左右。

如何减少国家对食品、服务行业和房租的补贴，是我们始终特殊重视的问题。在转折之前很久，我就把这个问题视为阻滞经济发展的障碍。在政府内工作的时间越长，对这个问题的复杂性看得越清。我们的原则是——对这一点，我们的意见在圆桌会议上取得了一致——把物价补贴转移到个人补贴上去，即提高公民收入。我们在2月开始采取具体步骤，首先是在十分敏感的领域，即儿童服装方面。这也是国家补贴最为明显的领域。为了达到平衡，我们把儿童补贴提高了120马克。这一措施得到了普遍赞同。当然，尖锐的批评也不少，有人问我们为什么偏偏拿儿童服装开刀。

后来的步骤没有能够实现。大选的临近和圆桌会议的一个发言使这些步骤实际上无法迈出。新论坛组织的一名代表在那次发言中要求立即取消补贴。这一要求没有在政府中获得表决通过。圆桌会议的讨论引起了灾难性的后果。当时的所有发言都在电视台和广播里进行了实况直播，短短几小时后各家商店里刮起了“抢购风”。政府只得紧急进口商品，派出军队运输商品，并对贸易给予特殊支持，当时也对居民进行解释和安排。刮了几乎14天的“抢购风”，市场才重新恢复正常。

在这种条件下，我们一时无法重提减少补贴这个话题。我们这届政府做过大量的准备工作，德梅齐埃政府也许诺过，但是后来仍然没有实施进一步的措施。对前民德公民来说，引进统一货币意味着蒙受额外的损失。

各职业群的社会地位也有很大差别，尤其是卫生和交通行业问题更加突出。在要求增加工资的压力下，交通部部长朔尔茨积极同劳动和工资部部长汉内洛雷·门施共同协商，探求逐步解决工资问题的途径；而卫生部部长克劳斯·蒂尔曼却轻率行事，企图向政府施加压力，结果反而失去了本行业的信任。

在本届政府的短暂任期内，不仅在五年计划中曾首次对工资问题作了具体的澄清，而且还解决了一些重要的实际问题。实行提前退休的规定就是一个重要的步骤，可使数以万计的公民在提前失去职业的情况下得到社会保障，也可增加青年人的就业机会。虽然《图片报》把这说成“莫德罗不让他的同志们穷困潦倒”，但这不过是抱着旧的敌友观不放罢了。

对昔日的民德来说，提前退休和年龄过渡的这一调整也得以在统一条约中明文规定，尽管退休金从 70 马克降到 65 马克，下降 5%，实际上只是意味着变相的失业补助（63%）。对领取年龄过渡金者的年龄规定虽然降到了 57 岁，但女性年龄限制却也提高到 57 岁。

关于这个问题，对我和政府的批评还包括辞退安全部工作人员后向他们发放过渡补助金的做法。其实，我们根据仍然有效的民主德国劳动法作出了初步规定，将现行的发放过渡补助金的期限作了修改，使之大大缩短。此法还进一步得到修改，取消了以往军队、警察和安全系统所享有的同等待遇。劳动法中关于过渡补助金的发放规定，目的是防止群众因社会地位的骤然下降而陷入窘境，从而危及秩序的潜在可能性。这一问题即使在后来与圆桌会议协商解散国家安全局时也一直给予重视。因此，我们在作出这方面决定时，力图使法律的更改适应政治的要求。

检查滥用职权和腐化行为

始终陪伴我们的另一个问题，是统一社会党前领导人滥用职权和腐化行为。早在 11 月 13 日人民议院第十一次大会上，就组成了一个由议员特普尼茨为首的临时调查委员会。之后，圆桌会议又要求政府在部长会议机构中也成立一个调查处，这一要求亦获内阁批准。此外，还成立了一个反对党的独立委员会，与政府的调查处进行合作。

有两宗违法案被揭出，并递交国家检察院，一宗是瓦尔德海姆地区精神病疗养院滥用职权案，另一宗被称为“玫瑰事件”，系指 20 世纪 50 年代波罗的海的各浴场小栈房被没收的旧案。

还有数千件指控，经调查，无一例构成刑法立案。事实表明，这一阶段中有许多人试图造谣诬告或个人报复。

在起草结案报告时，起初与独立调查委员会代表之间还有争论。于是，报告中包括了民族阵线各委员会的一份总判决。我认为这一判决是不合法的。当时我虽然对过去的许多事持批判目光，但不愿意也不能够遵从民族阵线的总判决。最终，经过各城乡居民点数千公民（其中不少人是无党派人士）的积极工作，我们才得以完成这部分工作，把对滥用职权和腐化现象的侦查结论具文移交下届政府。

我认为政府的有一项决定特别值得一提，因为它在一定程度上反映了我在最后几年处境的矛盾性。统一社会党政治局及其领导下的斯多夫政府，于 1987 年决定在德累斯顿郊区建一座纯硅工厂。此决定从未征求过地方国家机关的意见。我反对这个决定的意见未被理睬。1989 年初，我要求重新审定建厂地点。回答是一项新的建厂决议。这一决定导致德累斯顿群众的强烈抗议，使政府和教会的关系受到极大影响。当时，我坦率地向主教黑姆佩尔博士通报了客观局势。直到今天，我还感激他当时对我处境的理解。我本人也对教会的抗议行为表示了理解。

我的政府最初作出的决议中，包括停建该厂的决议。遗憾的是，如同本届内阁作出的其他一些明智的决议，这项决议也未引起舆论界的应有重视。

大联合政府组成后不久，我立即明白了，在政府向国家负责的体制下，统一社会党的领导地位已不再适合。因此，我于 1989 年 12 月 1 日在统一社会党的党团内提出建议，删除宪法第一章中“在工人阶级及其马克思列宁主义政党领导下”这一节。我认为这不是表面的措辞问题，而是一个标志，说明我们在全国深入推动民主化进程和大联合政府中建立新型平等合作关系的决心。

关于沙尔克一戈洛德科夫斯基的商调局

在我主政内阁之初，对商业协调局的作用和规模并不十分了解。亚历山大·沙尔克－戈洛德科夫斯基此人我倒是1969年就认识了。那时正值民主德国建国20周年，我在柏林准备庆祝活动。活动安排在特雷普托区的文化公园内，交通工具的购置通过他来办理。在我看来，他是外贸界的一个伙伴，同他可以进行可靠的、同志式的合作。

后来的年代里，我们的道路很少交叉。但我知道，沙尔克已在外贸部任国务秘书，负责许多联合企业进口贸易的外汇贷款事务，工作目的始终是采购现代化设备，并借助这些设备提高国家的还债能力。从这个意义上讲，该机构担负的任务非同寻常，即使从今天的角度看也无可厚非。至于商调局下辖哪些人马，我是任总理后才得知的。我当然需要一些时间了解情况。作为国务秘书的沙尔克，从未隶属过外贸部部长，无论是霍斯特·许勒，还是他的后任格哈德·拜尔。核算和监督工作并不由财政部进行，而是自行负责。负责指导和下达任务的是京特·米塔克，而米塔克后面直接由昂纳克领导。

在克伦茨接管党和国家领导责任后，起初没有什么变化。当时正在准备克伦茨与科尔的会晤。代表民德方面的谈判伙伴是外交部协助下的亚历山大·沙尔克。西德方面由联邦总理府出面进行预备性会谈。在预备性阶段，我向克伦茨提了两点要求：会谈全过程应由总理参加，从而使未来的会谈由双方——而不是由西德一方——的政府负责。此外，我还要求商业协调局归隶外贸部，取消它的特殊地位。为此达成了协商和一致意见，计划在 1990 年初实施。

人民议院调查滥用职权和贪污腐化委员会在调查过程中卡了壳，因为有些单位是由商调局提供资金。为了调查案情，委员会主席海因里希·特普尼茨向沙尔克提出质询。因当事人是国务秘书，所以我和沙尔克都被要求提供书面答复。根据我的回忆，我们也这样做了。调查证明，京特·米塔克曾经利用和滥用亚历山大的严格纪律性和绝对服从，为其个人乃至政治局委员们的家属谋取私利。当时，这一指控只间接涉及沙尔克，并非他本人滥用职权。作为与西德谈判多年的代表，他的负责地位没有被取消，加之时间紧迫，与科尔总理的会晤日程已经确定。况且，西德方面也未对沙尔克提出异议，没有任何信号表明他们不再信任民德的谈判者。这最后一次谈判使命，沙尔克也根据协议完成，当夜从波恩返回柏林，将报告和有关文件放下，尔后离开民德。

当我得知这一消息，立即组成一个临时领导小组，下令冻结商调局的银行账户，检查财政和财产概况，并采取进一步措施防止民德利益受损和中饱私囊现象。沙尔克在给我的一封信中说，他想休假，以脱离现状，他不会干任何不利于民德的事。最高检察院下达了拘捕令，后来又要求将其从西柏林莫阿比特拘留所引渡到民主德国。

后来几天里，通过进一步的调查和监督，我才看清商调局的特殊地位及其与国家安全部和统一社会党的密切关系。但是，对于整个机构的某些分支和接触面，我到现在还没有完全了解。

12 月底我接到报告，商调局与统一社会党的所有财政关系均已中断，应取消关于保护国家利益的暂行规定，因为所有账户已经检查，不会再对民德利益产生损害。政府派出调查商调局的委员会于 3 月间向圆桌会议报告了工作成果，该报告已在我卸任时移交德梅齐埃政府。

在将民德拱手交给西德的那个时期，本来完全有可能进一步查清整个商调局案。但是，事实上什么也没有干，没有追踪调查商调局与统一社会党政府外汇控制者之间的线索，以及与西德许多贸易和谈判伙伴之间的线索。然而，这是清理历史过程中的一个原则性问题。西德方面之所以勉为其难，是因为此事不仅关系到民德，而且事关两德之间的历史旧情？还是因为沙尔克一案所涉及的艺术品或军火贸易在西德只属“正常贸易”范畴，以致难以向沙尔克进行法律起诉？

对转折的反思

转折并不是有规律的进程，更不是步调一致的运动。自 11 月底至 1 月中，对这几周内在民德发生的许多事，都有必要进行一番深入的分析。

当数十万人积极参与政治活动时，留在家里通过电视荧幕注视那些岁月中暴风骤雨般事件的人则达数百万。他们用这种方式参与转折，每人心中也有自己的立场，满怀希望地生活着，但首先还是致力于工作。在这些人和群众之间，有着一定的距离。统一社会党的迅速崩溃，似乎就是民主改革开始后的必然结果。

当人们的民族狂热情绪高涨，以“我们是一个民族”的口号压倒一切，取代初期的民主口号“我们是人民”时，这一时期积极参与政治的力量又发出了新的呼吁：“为了我们的国家。”这个口号再次警告人们，民主德国内应深入推行民主化改革，否则操之过急实行统一将会带来消极后果。短短几天内，20 多万人在这一呼吁上签了名。然而，数百万人仍然被动地袖手旁观。

也许在大动荡时期往往是这样，少数积极行动者起着决定性的作用，而大多数人在初期总是被动地作壁上观，直到大选时或在其他场合中才会挺身而出。“为了我们的国家”这一呼吁的发起者们，虽然一度得到过赞同，但很快就受到诽谤和迫害。

在 12 月的那些日子里，矛盾激化的危险再次显露出来。当务之急是广泛征求意见，冷静地深思熟虑，利用极为有限的条件，维护国家的秩序和安全。圆桌会议虽然接管了工作，但一开始却关心自己的事超过了关心国家大事。一些人权主义者发现，当时的示威游行活动已自发性地不断发展，许多言论已经与发起者的初衷相悖。甚至还出现了谋杀威吓，如针对施特凡·海姆和其他一些威胁对象。

那些天里，我向教会的一个人征求了意见。他叫曼弗雷德·施托尔佩，对稳定局势、促进对话和充满信任的合作起着一定作用。在劝说联邦总统魏茨泽克了解民德局势的复杂性，争取他对我们在全国恢复克制和理智的努力给予支持方面，施托尔佩帮助了我。

12 月 13 日与基督教教会主席、全国大主教韦纳·莱西博士和柏林天主教会议主席乔治·施泰钦斯基主教的会晤，具有历史性的特征。这两位基督教和天主教教会的头面人物，从未在教会办公室内接待过民主德国的任何一位总理。而且，国家和教会第一次意识到共同的责任，即竭尽全力在全国范围内确保和平欢度圣诞节。当时，我们希望理智和克制的局面能够在圣诞节持续下去，希望避免武力，使民主化改革得以继续进行。直至今天，我仍然对这些教会人物怀有深切的感激之情。尤其感谢他们的信任和相互尊重，因为这是取得成功的基础。

在 12 月间，各专区、各县的局势越来越复杂。政府工作的一个重要组成部分是同各专区议会主席不断磋商民德局势。在这个过渡时期内，各县和专区的议会主席担负着特殊的责任。圆桌会议也是在这个级别上开始工作的。由于地方和中央的圆桌会议并无直接联系，所以各专区和各县的工作差异很大。教会的代表在各地都扮演“主持人”的角色。凡是与地方议会的合作搞得好的地方，在处理实质性问题，甚至包括在解散国家安全机构等复杂问题时，都能得到合理、圆满的解决。在这种情况下，国家安全机构的武器得到了安全保障，并转交警方保管；档案得以从县转移到专区加以控制；房产也尽快得到合理使用。

在我的政府任期内，只有少数几位议会主席因滥用职权而被免职。尽管国家的权威已经大大削弱，但地方人民代表机构及其议会在 3 月 18 日大选前为确保国家的安定作出了重要的贡献。

德梅齐埃政府在人民议院选举后派出专员取代各地议会主席，从而加速了国家机构权威的取消。于是，5 月 6 日的地方选举显得十分紧迫。事实证明，迄今采取的措施都未能切实增强各乡的活力。责任制管理的原则受到很大限制，因为各乡缺乏自力更生的能力和手段。在民德，乡镇的财政手段依赖于企业向中央交纳的利润。因此，农民对企业向乡村的转移并没有直接的兴趣。在东部各州如今经济不断下降的情况下，乡镇主要依靠从工商业纳税来实现自负盈亏的方式难以奏效，使得恶性循环无法遏止。

现在，关于财政问题的争论转移到了东部各州。这些州纷纷要求联邦政府承担责任。联邦政府的设想太简单，以为在民德引进市场经济即可使资金流动，以为企业主的积极性可以解决所有问题。事实越来越清楚地证明，这一设想大大地错了。因此，东部各州的政府制定了本地区经济发展的规划，要求联邦积极协助各州实现这些规划。

每天判断形势

自 1989 年 12 月起，形势要求我们每天开会，根据政府派往各专区的全权代表的报告讨论存在的问题。参加例会的还有副总理彼得·莫莱特博士，副总理助理曼弗雷德·普莱思、部长会议秘书长哈里·默比斯和副秘书长曼弗雷德·绍尔。

只有这样才能确保每周一次政府会议以外的各部协调。我们向各专区派出全权专员，让他们与公民委员会合作处理解散安全机构的工作。专区的专员以前就有，但那时没有授予全权。现在要求政府的代表驻在各专区，采取个人负责制的办法与公民委员会进行合作，有权作出各种决定。就是通过这种方式的有效工作，继续维护政府的权威。

1 月中旬开始，政府陷入十分困难的境地。社会上出现了一系列暴力事件，一些极右势力频频破坏社会治安，国家的动荡令人十分担忧。形势要求我们政府立即向人民议院通报情况。我们在通报时首先声明，民主德国已经经受了一些严峻的考验，民主和自由已经初步扎下了根。但是，我不得不明确地指出："所有推动民主革新并迄今致力于改革者，必须明确这是一次历史性的机会，应当不遗余力地充分把握机会，不允许懈怠或玩忽职守。"

经济建设领域大约缺乏 25 万名劳动力。成千上万的公民已经在西德和西柏林找到工作。与此同时，在管理体制改革中被辞退的许多公民重新被纳入劳动大军，其中也包括被解散的前国家安全机构工作人员。

反对党表示担忧"秋天的民主成果可能会得而复失"。政府则指出他们的行为与民主的趋势背道而驰，要求反对党共同磋商和提出进一步深化改革的建议。

人民议院的决议要求政府积极准备人民议院代表大会，并及时向大会提交各项草案。农民党和国家民主党向政府提出了建设性意见，而基民盟和自民党则威胁要从内阁中撤出他们的部长。与此同时，这两个党还对统一社会党 / 民主社会主义党进行了批评和攻击。大联合政府面临垮台的危险，国家面临失控的危险。必须寻找一条新的途径，以避免民主改革进程受阻。

三、圆桌会议

政府与圆桌会议之间的合作，实际上开始于 1989 年 12 月初。12 月 7 日，当我组成政府 20 天后，在内政方面发生了一系列重大事件的情况下，我们召开了部长会议的星期四例会。会议的第一项议程是讨论国内形势。国内形势引起了极大的担忧。要求揭露统一社会党和国家领导干部滥用职权和贪污腐化的呼声与日俱增，使国内的愤怒情绪达到了沸点。有迹象表明，有的群众试图推翻法律机构，冲击公共设施。群众的义愤针对各乡、市、县和专区的国家机关，使许多地方机关的工作能力大大削弱。然而，这些机关的工作直接影响到对居民的供应、运输和服务。由于有人威胁要制造爆炸事件，有时社会秩序直到 20 时还不能恢复。受到影响的还有商场、敬老院、管理部门、企业、医院和幼儿园。在这种情况下，我们紧急呼吁全体公民在这一天表现出冷静镇定，避免武力，通过对话解决问题。

就在这一天，教会会长马丁·齐格勒宣布中央圆桌会议开幕："对我们来说重要的是，我国所有政治力量都得到了以平等权利、平等义务共同解决社会改革中基本问题的可能性。时间十分紧迫。"

圆桌会议是在民德福音新教教会联盟的倡议下召开的。同时被邀请的还有柏林罗马天主教教会主教会议联盟和民德基督教工作协会。应邀来到开会地点迪特里希－邦赫费尔故居的共有 12 个政党和政治组织的代表：5 个"老党"——基民盟、农民党、自民党、国家民主党和统一社会党；新论坛、即刻民主、民主觉醒、绿党、和平与人权倡议、社民党和左派联盟。其他一些组织也想以平等地位参加。工会和独立妇女联合会也获准参加。

民德福音新教联盟的马丁·齐格勒会长、柏林天主教会议的主教卡尔－海因茨·杜克博士和基督教工作协会的马丁·朗格牧师三人担任会议主持人。齐格勒会长在圆桌会议开幕致辞时递交了一份切合实际的方案。我对这份方案表示了完全赞同。方案指出："圆桌会议既非附属机构，亦非政府和人民议院之补充，它不具有政府和议院之权限。但是，圆桌会议的会谈代表我们的希望、倡议和建议，应被议院和政府所接受，应在为解决当前问题而制定必要对策时纳入决策。当前的社会变革唯有各界同心协力方能实现。我们在座全体所思所言所行均为了国家之利益。"这个方案与圆桌会议在首次会议上所表述的共识是一致的："圆桌会议的与会者出于对深陷危机之国家的深切忧虑，为了我国的独立和持续发展而聚会。"

早在圆桌会议召开之前，我就给群众组织以向政府提出政治、财政和组织要求的可能性。11 月末，民主觉醒组织的代表沃尔夫冈·施努尔带着群众组织的一个工作小组，来到约翰内斯霍夫旅馆我的办公室。他们通知我，他们将向所有参加游行者发出呼吁，要求大家不采取暴力行为。对于这个要求，我只能表示支持。美中不足的是，这份呼吁书已经交给了新闻界，因为呼吁书中指出已得到政府的赞成，而我在这天夜里不可能召集政府作出这样的决定。

12 月 4 日，政府的几名成员受我的委托，在政府会议大楼内同各政党和人权组织的工作小组继续磋商。这个小组包括新论坛、社民党、和平与人权倡议、即刻民主和民主觉醒的代表。

第二天有人告诉我，这个小组的成员向政府提出了一系列要求，有的要求措辞很尖锐。这些要求将严重限制政府的权力，因此未被接受。谈判一直持续到深夜，在下列问题上达成了一致：

一、由内政部保护和支持游行活动，确保各地游行活动和平进行，避免发生武力。这是游行者和警察之间建立安全伙伴关系的决定性步骤。

二、向全国发出避免武力的呼吁，尤其是针对当天晚上宣布的莱比锡游行活动和之后将进行的反对派与政府间的会谈。

群众组织的代表担心莱比锡游行活动会导致武力。施努尔及其小组其他成员 12 月 4 日还前往莱比锡，向游行者施加影响。根据协议，由内政部部长洛塔·阿伦特负责指挥我方的所有步骤。

三、双方有责任采取措施避免民主德国受损。此项主要指阻止档案和数据载体被毁，尽可能避免将对人民造成经济后果的罢工行动。

有一点未能同工作小组达成一致意见。工作小组要求政府在转折前组成一个独立的委员会，对滥用职权和贪污腐化行为进行调查，并监督政府的工作。经过内阁深入讨论，这一要求被拒绝，因为根据宪法，政府唯一对人民议院负有报告工作的义务。我们建议反对派小组同人民议院新组成的“调查滥用职权和腐化行为委员会”建立联系，就合作问题进行协商。

反对党拒绝与人民议院调查委员会接触，理由是对该组织及其人员缺乏信任基础。我无法苟同这一态度。政府全力支持人民议院调查委员会的工作，我和调查委员会主席海因里希·特普尼茨之间也有过单独谈话。

最终找到了妥协的办法。12 月 8 日，施努尔以工作小组的名义具文答复政府的建议。圆桌会议于 12 月 7 日要求政府，在部长会议内设一个调查处，对滥用职权和腐化行为进行侦查。我们达成的一致意见是，这个调查处应同反对党组成的独立调查委员会进行合作，并为他们的工作创造所有物质和技术先决条件。

在圆桌会议的首次会议上，还就以下重要的问题达成了一致：

一、作出立即开始起草民主德国新宪法的决定，该宪法应在1990年人民议院新选后交付人民表决；

二、建议人民议院选举于5月6日进行；

三、要求政府在人民监督下解散国家安全机构，应予保障的安全系统的必要勤务应向公众公布。

对我来说，圆桌会议从它存在开始就是我国民主改革进程中极为重要的特设委员会。因此，我愿在最大程度上尊重圆桌会议和个别政党、团体征求政府支持的要求。1989年12月21日，政府作出《德意志民主共和国部长会议关于支持圆桌会议工作的决议》(见附件一)。圆桌会议是政府与新建政党和群众组织的代表密切合作的产物，它尽快地获得了物质和技术条件上的同等机会。那份内容广泛的决议主要规定，圆桌会议未来可以使用民德舍恩豪森皇宫的会议大楼。此外，经过与统一社会党专区领导的协商，新建政党和政治组织也可以使用柏林市中心位于弗里德里希大街的统一社会党区委领导办公大楼。

据助手们向我汇报，在谈到这栋大楼的新名称时，有过一番讨论。“和平与人权倡议”组织代表格尔德·帕佩建议取名为“反对党之家”。有人提出异议：如果反对党今后加入政府，是不是还要搬出来？这个意见令他作了重新考虑。最终一致同意取名“民主之家”。格尔德·帕佩和其他反对党代表果然于2月间成为政府成员。如今，他作为联邦议院成员再次在野。

本着确保不使用武力、维护国家安定以及保证社会民主化改革的精神，本届政府采取了与圆桌会议合作的其他步骤。12月22日，经济部部长卢夫特夫人和其他政府代表在圆桌会议上就经济、财政和社会政策作了解释。

我邀请圆桌会议代表出席 1 月 2 日部长会议的一次例会，讨论合作问题。我强调说，政府需要良策、谋求良策，并解释道："如果不能创造相互尊重、相互信任的气氛，我们在 5 月 6 日的自由民主大选中，也不可能拥有必要的气氛。"这是关键的一点。如果反对派力量进一步激化局势，并被民族主义分子利用这一局势以动用武力相威胁，国家将陷入混乱，自由大选也无法进行。

尽管 1 月 2 日会议的进程富有建设性，并代表了与会者进一步确保民主化的愿望，但是后来几天的局势表明，这种建设性的合作并非所有人的意愿。新论坛不愿意到会，就说明了这一点。新论坛成员在一次新闻招待会上宣称，圆桌会议并不受政府的重视，这一印象现已进一步加深。圆桌会议的几个反对党代表一再把对统一社会党政府及其主要领导人的清算推向前台，他们的做法使形势进一步激化。他们热衷于向政府提出通牒性要求，要求对政府的决议拥有否决权。这意味着大大限制政府的工作。1 月 8 日，新论坛又提出一项通牒性的要求，使局势的发展达到顶点。他们要求总理以及最高检察院院长和内政部部长参加当天下午的圆桌会议，报告内政安全问题。

当然，我不能任其摆布。农民党、自民党、国家民主党、统一社会党/民主社会主义党和农民互助联合会的代表在一项声明中支持我的立场。诚然，不久前刚刚就任的负责解散国家安全机构的民间政府特派员彼得·科赫博士的报告，以及他和官方政府特派员、国务秘书瓦尔特·哈尔布利特对问题的回答不尽理想，但这也证明他们缺乏权限，准备得也不充分。对此，我也有责任，因为我本来应当更加重视这二位特派员进入圆桌会议的准备工作。从那以后，重要的材料都在我的办公室内进行讨论，并抽调必要的力量确保有权威的报告和答询。

从 1 月中旬起，圆桌会议的质量有了提高，从而也提高了对政府的要求。当时我采纳了三位会议主持人的意见，亲自协调政府与圆桌会议的工作，因此，我们之间的相互尊重和信任关系得到增强。

呼吁反对派参与政府工作

1 月 11 日，我在人民议院强调了政府与圆桌会议加强建设性合作的意愿。我以一些具体的建议向前迈了一大步。我要求圆桌会议对我和科尔总理的会晤提供具体建议，甚至进一步要求有经验人士直接参与政府工作。与此同时，我明确表示：“试图公开辩论本届政府的合法性，或要求拥有对政府决议的否决权，企图对政府工作实施所谓的监督，这一切无助于建立有秩序的政治关系，不利于开展有条理的工作。”

也许因为这番明确的表述，也许因为我们对圆桌会议提出的建设性要求，也许因为群众组织意识到了自己的责任或认识到他们对时局的影响已大为减弱，光靠翻旧账是不够的——所有这些因素无疑都起了作用，致使反对派对政府的态度发生了一定的变化。1 月 15 日向圆桌会议提交的那份决议，在我看来并不是一件易事。新论坛于 1 月 8 日以通牒方式提出的要求导致了激烈的争论。群众组织中除了有人赞同外，也存在着一种普遍的观点：如果总理不拿政府的形象当儿戏，他是不会任人摆布的。

因此，我们准备了一封总理致圆桌会议的信，作为对这一要求的答复。直到夜里我才决定发表一项声明。国家的局势不容考虑个人荣辱，而是要求采取明智的政治行动。于是我于 23 点来到圆桌会议，使舆论界感到惊讶。

我向圆桌会议重申了人民议院会议上政府声明中的那些要求，并表明：“政府需要并谋求圆桌会议各与会党团组织的良策。民主化以及经济的稳定和改革要求所有具有责任感的力量团结一致。”在这个意义上，我还提出了一些建议，要求政府和圆桌会议在解散国家安全机构和取消前国家安全部旧体制方面进行合作。我宣布解除政府民间特派员科赫的职务，并要求圆桌会议与会者以民间监督的方式协助政府解散国家安全机构的工作。最后我还建议，一周后，即 1 月 22 日与各部长再来参加圆桌会议，共同就紧迫问题进行磋商（见附件二）。

同样重要的是，内政部部长阿伦特对民德的安全形势作了客观的报告，部长会议副秘书长绍尔对解散国家安全机构的情况详细、具体地作了通报。关于重新任命负责解散国家安全机构的政府特派员的问题，农民党的科普兰斯基建议由教会、政府、各老党和反对党各派一名代表，组成一个特别委员会继续工作。这一建议受到普遍欢迎。

在后来几周内，政府同他们，即戈特弗里德·福尔格主教和帮助他工作的施罗特红衣主教，以及政府全权代表、前民防局的弗里茨·彼得与“和平与人权倡议”组织的韦尔纳·菲舍尔、农民党的乔治·伯姆博士，进行了富有批评和建议性的充满信任的合作。这个小组提出的建议也被 2 月 8 日的政府决议所采纳，即组成国家安全机构解散委员会，为解散工作做技术和人事准备。

我们在 1 月 15 日的表现引起了圆桌会议乃至舆论界的积极反响，这一点并不合某些势力的心意。他们不愿看到政府和反对党之间的气氛缓和，而是希望气氛恶化。1 月 22 日的《图片报》刊登了一篇报道：“政变——国家安全机构交出武器，国家安全机构精锐部队和一部分国家人民军显然正在酝酿一场政变，企图接管东德权力。据《图片报》从东德反对派组织获悉，自星期五以来中央告警，国家安全部部队已装备武器，与一部分国家人民军联合演习，准备进行一场内战。”此外还报道说，在野派组织正在筹备下星期三的一次总罢工。

我在 1 月 22 日圆桌会议的声明中开宗明义地把《图片报》杜撰的这个故事斥为挑衅行为。此外，我还通报说，我已立即下令让内政部部长和国防部部长调查此事。结果是：武器贮存在仓库里，演习纯系子虚乌有。

圆桌会议所有政党和组织的发言人一致批驳了《图片报》的挑衅行为，从而使文章作者得到了事与愿违的结果。

在我的声明中，我也就我作为政府首脑的责任作了原则性的阐述："我视总理之工作仅对人民负责，而非对一党负责。因此，我希望获得所有政党，而非一个政党的良策和支持。我再次明确重申：尽管我是一个党的党员，但我只向人民负责，而非向一个党负责。政府内本党其他成员亦应如此。"

我是在面临各方要挟的情况下作出上述表态的。在反对党方面，有人要求我退出民主社会主义党，至少暂停党籍。迄今的联盟党方面，也有人指责我搞党派政治，并想以此借口退出联合政府，与统一社会党保持距离。这一切都发生在一些人企图粗暴干涉之后。例如，基民盟总书记福克尔·吕尔在《世界报》上撰文鼓动民德基民盟脱离联合政府。他要求"民德基民盟现在应当与统一社会党划清界限，站到反对党一边来"。

关于与圆桌会议的合作问题，我在敦促各党派参与政府工作的建议中作了具体的说明。我要求圆桌会议所有与会新党派自由提名，将那些愿意作为部长会议成员入阁的人选推荐出来。我表示了自己的看法，应在本周内进行一次联合执政的会谈。

在我的声明中，也提到了 1 月 15 日下午发生在利希滕贝格区诺尔曼大街上的一件事。新论坛号召人们于那一天在国家安全部大楼前参加一个非武力的游行集会。大约 5 万人响应了这个号召，不过没有做到非武力。人们冲进大楼，捣毁设施，造成了严重的破坏。据目击者说，人们捣毁了一些特定的房间，掳走了档案文件。这些文件的下落至今不明。为了避免发生更严重的事件，我亲自前往诺尔曼大街。我的车在一辆广播车的开道下才穿过密集的人群。我登上一个高台对人群讲话，呼吁他们尽快平息事件，并劝说他们停止武力破坏行动。同我一起登上讲台的还有伊卜拉希姆·伯梅、莱纳尔·埃佩尔曼神父和孔拉德·魏斯，他们是从圆桌会议上赶来的。

我在圆桌会议的声明中指出，诺尔曼大街的局势表明，“即使是一个政治游行活动，也可能演变为暴力和蹂躏行动，使内部和平受到多么严重的破坏”。我吁请所有政党和组织的代表共同协助，避免类似诺尔曼大街事件再度发生。

应圆桌会议的要求，克伦茨和当时的统一社会党中央安全部部长沃尔夫冈·赫格尔在当天报告了 1989 年 10 月之前党和安全机构之间的合作关系。报告的内容十分详尽，其中也包括这样的内容，即新当选的统一社会党中央，各专区、县机关秘书处的领导，均同武装力量机构，包括国家安全机构的各种工作和行动未曾有直接联系。报告指出，统一社会党的官员除行使其国家职能外，均未受命参与所谓的保卫和安全机构的活动。

当然也有一些关于专区和县党组织行动领导小组作用的问题。他们的任务是在紧急情况下会商对策，但从未越出过内政的范围。他们的职责只是协调和监督国防计划的统一贯彻。

就反对党成员入阁问题达成一致意见，无疑使政府、圆桌会议和人民议院之间日益富有成果的合作达到了高潮。

3 月 12 日最后一次圆桌会议也表明了这一点。在丰富的日程中将包括负责调查商业协调局的政府委员会主任威利·林德曼的工作报告，以及由政府组成的解散国家安全机构委员会的一份报告。

圆桌会议最后声明中指出，圆桌会议把自己视为公众监督的组成部分。在实现上述目的过程中，起初遇到了某些困难，如工作效率和内容协调问题、决策和监督过程中增加透明度问题、圆桌会议在莫德罗政府内的权威和地位问题等。在 1 月初的首次全国会议上，对上述问题都作了必要的解决。之后，圆桌会议、人民议院和过渡政府之间日益富有建设性的合作，对增强维护国家政治安定及其外交行动的能力作出了贡献。政府中来自 9 个政党和组织的 8 名部长的合作也证明了这一点。圆桌会议向新选出的人民议院和新政府提出的六点政治建议（见附件三）具有重要意义。遗憾的是各执政党很快就不再重视这些建议了。后来圆桌会议建议议会为 6 月 17 日人民大选准备一部民主德国新宪法的要求，也同样被置之不理。

副总理彼得·莫莱特博士以部长会议和我本人的名义感谢了所有圆桌会议参加者所做的工作。他说："政府视圆桌会议为这样一个机构：它在坚决推动我国革命，尤其是以和平方式进行这场革命的方面，起到了决定性的作用。若无圆桌会议的支持，几乎不可能保证国家的社会生活，无法准备 3 月 18 日的第一次自由大选。"

四、德国历史上的第一个全民代表制政府

1 月中旬，民主德国的局势激化，尤其表现在政治领域。极右势力正在形成，他们得到了西德的支持，试图跻身莱比锡的游行队伍。他们的目的部分地得逞了。以往的政党陷入了危机，首当其冲的是统一社会党 / 民主社会主义党。该党失去了一部分党员。在 1989 年底之前，民社党曾拥有 100 多万党员。东德基民盟乃至自民党与政府拉开了距离。

唯有一切有志于民主德国民主化改革的力量组成一个联合政府，才能阻止国家陷入混乱。我认为，在这种情况下，当务之急应取消圆桌会议的存在，将圆桌会议与政府的关系转变为建设性的，哪怕是批评性的合作关系。在这个方向上迈出的第一步，是我参加了 1 月 15 日和 1 月 22 日的圆桌会议，尤其是我提出的一项建议，即邀请新成立的政党和组织直接参与政府工作。在我看来，目前应当把那些已经获得许多公民信任的力量拉进政府，共同担负民

主化改革的责任。

在 1 月 28 日的一次全体会议上达成了协议。由于倡议是我提出的，况且时间紧迫，得以在圆桌会议的支持下达成协议，于星期日在我当时的“住地”约翰尼斯霍夫旅馆召开所有政党和组织的协商会议。会上，首先还是讨论国内局势问题。我得到的印象是，新政党和组织也逐渐认识到，若不联合行动，根本无法确保国家的安定。老政党和反对派之间尽管在圆桌会议期间有过良好合作，但在这次会议上出现了明显的分歧。在反对党的圈子内，社民党的伊卜拉希姆·伯梅扮演了特殊活跃的角色。

在判断形势时很快就取得了相近的看法，因此会议接着进入对两个问题的讨论：

——政府应当怎样合作？

——在这种严峻的局势下，大选日期是否还应维持在 5 月 6 日？

作为会议的发起人，我主持了会议讨论。这是很困难的，因为我同反对党的代表几乎不认识，所以对我来说安排发言顺序就成了问题。于是如同圆桌会议期间一样，也由教会的三位主持人帮助我，从而避开了一些暗礁，使会议在平和的气氛中进行。

新成立的政党和组织建议改变部长人选并重新分配内阁名额。他们没有提出具体名单，只是提出了原则性的建议。关于这个问题的讨论很快就牵涉到大选日期，因为这两个问题必须给予综合考虑。

鉴于对法律的尊重，最早的大选日期应是 3 月 18 日。社民党尤其主张提前大选。该党认为自己正处于政治上升势头，因此在这种条件下进行大选机遇最好。但后来事实表明，选民的意志恰恰相反。以格雷戈尔·居西为首的民主社会主义党也赞成改变大选日期，也许是希望获得说得过去的大选结果。提前大选的日程也符合我的愿望，因为局势严峻，尤其是各地国家机构权威的丧失，迫切需要一个通过自由大选产生的政府。新成立的一些组织提出了异议，因为他们认为自己缺乏平等竞争的机会。

关于从乡镇到人民议院同时选举所有人民代表的建议也引起了争论。尽管所有人一致认为地方人民代表机构已经丧失权威，但是多数人仍赞成首先进行人民议院选举，通过民主、自由、平等和无记名投票的选举给最高人民代表机构以必要的合法性和权力。选举应该不附带任何限制条件，所有人拥有同等机会。

考虑到各州的重新划分——这个问题已在人民议院进行讨论，大家一致同意于 5 月 6 日选举各市、乡和县的代表机构，但不再包括专区的代表机构。各州议会的选举日期取决于各州的重新划分，因此容后另定。

大选日程明确之后，重新组阁的讨论就趋向具体化了。我对重新组阁的时机提出了异议，并强调指出，新任部长接管各部的时间太短；即使那些代理部长，有些也难以担起重任，因为他们首先必须对本部门有一个详尽的了解过程。在我看来，我们也不能赞成这样的观点，即“部长们组阁，国务秘书们领导政府的日常工作”。每位部长必须对该部工作负全责，并在政府内亲自奉职。有人建议，由在野党代表参与政府工作，但不划分部门。这个建议对我来说是一个好的选择，不过我决不把它看作形式上的改进。

会议过程中不得不多次休会，以便使老党和反对党代表单独协商分歧的观点，重新谋求一致意见。大约 8 小时后，将近午夜时分，当齐格勒教会会长出现在早就等待着的记者们面前时，他终于能够向记者们宣布一项具有重要意义的结果：建立一个全国人民代表制政府的基石已经奠定。13 个政党和组织愿意在政府内进行合作，共同担负起民族的重任。这是维护国家安定的关键性步骤。

建立一个类似 1989 年 11 月 17 日组成的大联合政府的可能性，到 1 月底已不复存在。东德的基民盟和西德的基民盟，东德的自民党和西德的自民党越接近，这两党在政府内的合作就越成问题。因此有几位部长同本党之间出现了冲突，因为他们不想放弃民族重任。

政府增加 8 名部长

根据 1 月 18 日的妥协立场，我于 2 月 5 日在人民议院政府声明中提出建议，在政府内增加 8 名部长，从而使 13 个政党和政府联合执政。“统一左派”组织宣布退出合作，以此举表明拒绝我在 2 月 1 日提出的关于“统一德国”的倡议。遗憾的是由于当时过于忙碌，未能同“统一左派”的代表进行一次谈话，最终该组织还是坚持了退出合作的立场。

人民议院批准了我的建议，向新任部长表达了信任。

全国人民代表制政府的组成，当然首先对我提出了更高的要求，同时也对所有业务主管部长提出了更高要求。应当采取一切措施，使各位部长在并无明确业务分工的情况下，切实共同承担责任，协同搞好政府工作。迄今为止，政府充满信任的合作，理应由新任部长们继承下去。这就要求各部门业务充分公开，使各部长在并无业务分工的情况下，都能了解必要的情况，从而共同协助，必要时互相监督。

在人民议院选举之前短短几周内，政府还完成了大量的工作。沃尔夫冈·乌尔曼和彼得·莫莱特共同在圆桌会议上代表政府。当时还有一些重要的法律需要起草，必须就此达成协议，并向人民议院提出草案。于 2 月 20 日和 21 日召开的第十七次会议上宣布了选举法的第二项议案，通过了进行选举的顺序，作出了组成选举委员会的决议，并通过了对 3 月 18 日大选具有关键意义的政党法。

自愿负责制宪工作的沃尔夫冈·乌尔曼，十分强调地表明了对起草新宪法的赞成态度。作为基民盟的发言人，德梅齐埃在这次会议上表示赞成对 1949 年的宪法进行审核和修改。这件事后来的进程表明，基民盟根本没有在人民议院各委员会的会议上向圆桌会议提出过宪法草案。作为新宪法的先驱者，乌尔曼直至两德统一后仍然在为制宪继续努力。

瓦尔特·罗姆贝格一开始特别积极地自愿要求负责裁军与和平政策问题。当与西德开始谈判货币联盟时，他又表示愿意担任民德代表团团长。对于这一建议，我的考虑是给东部社民党一次表现其政治风格的机会。罗姆贝格出色地完成了任务。当社民党在 3 月 18 日大选中取得失望的结果后，我曾建议罗姆贝格不要进入德梅齐埃的政府。他可能无法听从我的建议，因为该党执意要联合执政。

直到夏末，社民党因不愿与政府共同承担危机而决定退出联合政府。罗姆贝格在任财政部部长时以其正直和正确的远见看出，各州的财政情况无法达到国务秘书京特·克劳泽所代表的立场，于是对德梅齐埃进行了公开的批评，并辞去他的职务。

“和平与人权倡议”组织的格哈德·帕佩的入阁，使政府增加了一位性情温和、善于深思的人。他的贡献对于某些专业部门来说始终是一种挑战，从而有助于提高工作质量。绿党的马蒂亚斯·普拉切克当然在环境保护领域中具有专业特长，但是他却自告奋勇，去负责政府政策的其他问题。赖纳尔·埃佩尔曼是一位有争议的伙伴。在民主觉醒组织内，由于沃尔夫冈·施努尔的退出，出现了一些问题。施努尔已经把自己看作未来与科尔总理平起平坐的民德总理，于是想弥补自己的过去。埃佩尔曼遂成为民主觉醒的主席，由教会转向政界。在一同出国访问时，我们之间加深了个人的了解，从而为充满信任的合作奠定了基础。后来表明，他乐于掌握权力，因此进入德梅齐埃的政府担任了裁军和防御部长。

我同独立妇女联合会的塔恰娜·伯姆的第一次见面，证实了人们常说的一句话：“世界多么小啊！”当我称她伯梅夫人时，她提醒我自己叫伯姆，并告诉我，她母亲同我一起在莫斯科的共青团学校里学习过。

重要的法律动议权

塔恰娜·伯姆根据政府的委托，全力起草了一份社会宪章，在 1990 年 3 月 7 日人民议院最后一次会议上提交审议。社会宪章指出，两个德国的统一过程中必须建立一个社会联合会，以促进劳动、业余生活和家庭相统一的生活和改善从业条件。生活和工作条件的改善应当作为一个相辅相成的改革过程。在改革过程中，应当吸取两个德国社会制度中的积极因素。随着这些积极因素的进一步发展，可以使社会的保障上升到一个更高的水平。帕佩在人民议院表示支持政府的立场，并提出了圆桌会议的各项建设。与此同时，要求政府将社会宪章纳入与西德之间就建立经济、货币和社会联盟问题进行的谈判。

德梅齐埃政府在谈判统一条约时没有重视这一要求。当时，保守派阵营对社会宪章的攻击对以国务秘书克劳泽为首的谈判成员们产生了很大的影响，丧失了一次真正代表民德公民利益的机会。一度参加过圆桌会议的基民盟在两德合并过程中完全脱离了这个特别委员会所预定的民主目标。全民负责制政府和圆桌会议所共同作出的一切努力，很快就击败了保守派政策的攻击。

工会法的产生就颇能说明这一点。工会特别会议通过了一项工会法草案，并要求人民议院在各个委员会中对此进行讨论。自由德国工会联盟理事会新当选的主席海尔佳·毛施向会议提交了这项法律。由于各工会威胁说该法如不付诸讨论即要进行罢工，所以没有一派势力敢于反对。即使在 3 月 6 日人民议院第十八次会议作出决议时，某些势力也因担心在大选中失去选票而不敢公开反对。工会法的通过确立了罢工的权利，也使宪法得到了相应的修改。

基民盟在会议中以蛊惑人心的方式假意对工会法表示赞同，在竞选斗争中也将其反对的态度隐而不露，而社民党的代表则在大选之前就明确表示反对该法。社民党果然在大选中遭到了报复。工会法实际上不是社民党提出的企业咨询法的对立物，工会法只是旨在保护市场条件下的工会利益。该法的立意已经超出了西德的既定法规。

工会法所包含的重要原则也是民德民主化改革的一个组成部分。由于它不利于企业的利益，所以在统一条约中被废除。

我的政府还计划制定了《农业生产合作社法律之修改和补充法》（简称《农业合作社法》）。本届政府意在通过这个内容广泛的法律重新确定农业合作社的权利和义务。但是由于时间紧迫，没有可能制定这项法律。于是，我们向人民议院提出一项建议性决议，目的是确定农业合作社财产的重要作用以及合作社成员与合作社之间关系的重要性。主要指导思想是劳动报酬计算不仅根据劳动时间，而且应当根据劳动成果，今后分红应与社员带入集体的土地和财产或从集体分得的合作社财产挂起钩来。

这项法律有助于保障合作社社员的财产以及社会对合作社的要求。此外，着眼于市场经济的效应，政府建议给农业合作社以广泛的财产支配权，为农业合作社提供建立中小企业的可能性。这些中小企业应主要负责加工、改良和销售农产品。3 月间，农民已经开始游行示威，要求保障农产品的销售。农民们当时还没有预料到他们的命运在统一过程中将变得多么复杂。

人民议院的议员们同意了这项法律的草案。遗憾的是，下届政府没有能够坚决地代表农民的利益。在前民德各州内现在已有 14%的土地闲置，而西德各州闲置的土地大约只有 4%。在农业和食品业就业者中，已有 2/3 以上失业。尽管已明确同意进行土地改革，但仍有人坚持要索回以前的地产。人们不妨检查和比较一下，在民主改革时期，民德农民的利益得到了什么样的保障，而在过分激进的统一过程中，民德农民却根本没有机会去适应欧共体市场的条件，从而被淘汰出局。京特·克劳泽曾经建议农民种油菜籽，把油菜籽可成为新生的自然燃料油吹嘘得神乎其神。然而，这个建议也无法给民德的农民带来生路。在农民积压如山的问题面前，克劳泽的建议不啻为一种嘲讽。

托管机构也是根据全民代表制政府的决议建立的。自民党议员汉尼施3月7日向人民议院提出的质问，充分表明了3月大选前后社会是多么混乱。他质问道："托管机构究竟将承担哪些任务，才能确保民德公民对他们40年来辛勤劳动获得的人民财产所拥有的权利？"汉尼施先生如今在政治生活中的哪个坐标上找到了自己的位置，这点很难断言。然而两德合并后自民党的立场是同当时的质问格格不入的。从波恩联合执政党的政策角度看来，借助托管机构不过可以达到下列目标，即以尽可能低的代价实现前民德企业的私有化，从而一方面鼓励私人资本向东投入，另一方面还为国家财政提供一小部分利润。而民德劳动人民——如今东部各州被雇佣的工人——所取得的成就根本不值一提了，倒是喋喋不休地宣扬什么"前民德经济已经衰竭"，企图使人们在银行存款贬值一半的情况下不敢奢望索赔寥寥几张股票。关于补偿贬值的问题，圆桌会议时期就已经提出过。

莫德罗政府所隶属的人民议院于3月7日11时许结束了它的最后一次会议。人民议院主席京特·马洛伊达以十分激动的言辞，对本届议院自1989年11月13日第十一次会议至第十八次会议的历史性阶段作了总结。在8次会议期间，共有547人次要求发言，发言者包括议员、政府成员以及最高检察院和圆桌会议的代表；共通过了22项法律，并通过完全合法的民主程序作出了15项决议。

在民主改革开始以来，人民议院是唯一一个具有立法能力的中央机构。尽管有人对它的合法性还存在争议，但它得到了全国的认可，它的工作得到了许多公民的赞同。国内外舆论对民德的议会行为给予了高度的重视。议会和政府之间发展了一种新型关系。在民主德国的历史上，这届政府堪称第一个全国人民代表机构，并毫无保留地直接置于人民的监督之下。在这个时期内，圆桌会议作为公民民主的大学校，与政府紧密合作，进而使人民议院的威信也不断提高。

3 月 18 日新当选的第十届人民议院，是通过自由、平等、无记名投票方式选出的，它的合法性自然无须讨论，但它在半年的工作中却从未在国内获得过较高威望，尤其是在它的后期阶段。从 11 月至翌年 3 月短短数月内得以发展起来的政治修养，在这一届人民议院中从来没有任何表现。政府与议院之间息息相通，为国家命运共担责任的关系，也很快丧失无遗。

3 月 15 日，全民代表制政府召开最后一次会议。对即将进行的大选的结果，谁也没有把握；但是对今后共同承担的责任，人们却抱有一定的信心。立场有分歧，争论也不少，但从全民利益考虑，我们最终还是达成了统一意见。需要澄清的问题，我们没有推诿，而是努力寻找解决办法。因为我们力图避免轻率行事和操之过急，所以政府和我本人常常被不公平地指责为优柔寡断。最后几周内，我也努力避免竞选斗争影响政府的工作。政府必须有始有终地保持运转。1989 年 11 月组阁的政府内，尽管各部长的立场不断产生分歧乃至大相径庭，尽管来自新政党和组织的部长们有时采取十分挑衅性的立场，但相互之间却始终保持着互相尊重，互相之间的私人关系甚至在短时间内还有所发展。人民议院主席马洛伊达后来评价说："全民代表制政府显示了它的尊严，它能够维护国家的稳定。即使在向 3 月 18 日大选过渡的那个困难阶段内亦是如此。"

后来的移交政府陷入重重危机，最终在统一过程中举手投降。这个政府以前东德公民的利益为代价，完全忽视了民主改革时期人民议院的许多决定，忽视了圆桌会议经过民主争议确定的许多原则。这些决定和原则中，有许多本来是有益于建立一个统一的大德国的。但是，由于这些是民德的产物，所以尽管它已被证明是有价值的，但仍然不得继续存在于统一的德国之中。

五、寻求两德合作的途径

民主德国在外交政策方面找到了一个坚实的位置。它同地球上几乎所有国家建有外交关系。自 20 世纪 70 年代初以来，它在联合国各个组织内积极地全方位活动，在欧安会常规裁军谈判进程中进行了建设性的合作，从而赢得了各个方面的信任和赞同。

作为国家元首，埃利希·昂纳克的形象也因此而产生了一定影响。频频出国访问并与西方国家最高代表人物会晤，加深了他在世界上的形象，却也导致了他对民德内部局势的日益错误的估计。

1989 年夏天，大批公民掀起的取道匈牙利出国浪潮，大大地破坏了民德领导人的国际形象。在国外，人们期待两德政府采取步骤改变这一局势。然而，这样的步子并没有迈出。只是在人们不断拥入西德驻布达佩斯、布拉格和华沙大使馆，达到令人难以忍受的程度时，双方政府才进行对话，并开始努力向出逃者进行劝解。

1989 年秋天发生的一系列事件，引起了世界范围的巨大关注。作为稳定内部局势和开始民主改革的具体步骤，民德组成了大联合政府，并推倒了柏林墙。政府在接任之时就开始承担了义不容辞的外交政策责任，一如它所承担的其他所有社会领域的责任。而以往的历届政府，几乎完全与外交无缘。

在为克伦茨与科尔的会晤进行预备性会谈时，我的政府第一次完全介入外交。自格拉赫后来代理国务委员会主席起，我们便开始共同讨论和实施外交行动。格拉赫对局势看得很清楚，因此在任何情况下都不想成为与政府首脑竞争的对象，何况他在本党内的地位也很脆弱。在这个时期内，外交礼宾上不再出现问题。我们俩均从本人所负责任为出发点，从不考虑威望问题。

对我们来说，四大国的态度是至为重要的。四大国的各位大使，尤其是苏联的代表科契马索夫，在这个阶段里对民德的举动颇感兴趣，并纷纷表示了他们各自国家对我们改革努力的支持。

与戈尔巴乔夫的首次直接接触，是 1989 年 12 月初在莫斯科召开的华沙条约政治协商委员会开会期间。我们利用一次谈判的休息时间，简短地谈到了民德的局势。双方认为有必要在 1990 年初进行一次会晤。与戈尔巴乔夫这次会谈的倡导者是苏共中央国际部部长瓦连京·法林，他 11 月来柏林时，就在与克伦茨和我谈话时了解了民德的现状。

在民德与苏联之间的关系中，也包括苏联大使与我的直接接触。他回忆了我在 20 世纪 50 年代前期担任苏维埃青年委员会主席时的往事。我对他的了解，则始自他 50 年代末在苏联驻柏林代表处担任参赞时。我后来听说，他当时并没有把我看成总理的可能候选人。尽管如此，我们还是发展了建设性的合作。我认为，我们之间是互相尊重、互相信任的。

12 月间的许多重要外事活动中，包括法国总统密特朗访问民德。此次访问双方早已商定，安排在圣诞节前不久。虽然克伦茨辞去了国务委员会主席的职务，法国方面仍未取消此行。聪明而有魅力的女大使耶勤·蒂姆西特负责准备工作，以保证这次访问顺利进行。我方对总统安全的担忧，她表示了理解。

自 12 月以来，这项任务已由内政部负责。无论如何，这方面的准备工作做得还是不够的。以往所有国事访问的安全警卫任务都由国家安全部负责，但此时该部已经处于解散状态，无法抽调人员担当此任。于是，密特朗来访时随身带了 50 多名警卫人员。

在礼宾上，邀请总统的主人自然是国务委员会代理主席格拉赫。根据法国客人的愿望，商定了一次与总统的会晤。紧接着安排了一次对莱比锡的短暂访问，以了解民德内部发生的事件。与我的会晤安排在一次早餐时，我本来以为这次会晤是象征性的。然而我很快就发现，密特朗总统在谈话中很有针对性，注意力十分集中。因为他计划紧接着于 1 月初与科尔总理会晤，所以他显然是想亲自了解民德局势，重新审查他的立场。正因为如此，他对民德政府所介绍的与西德建立条约关系的情况颇感兴趣。此外我们还就我国改革进程的下一步走向交换了看法，以及我们对进一步发展两德关系时应当如何正确虑及欧洲发展进程的想法。

密特朗尤其关心这个问题，强调指出，欧洲发展必须重新定向。两个德国的关系对此具有特殊重要的意义。当时，法国仍然从正在发展的欧洲联盟的范围内考虑两个德国的继续存在。欧洲联盟应该在欧共体的基础上得到发展。

法国总统的访问表明了法国的政治目标取向，即未来在所有领域中发展与民主德国的关系。两个德国的迅速统一，这在当时是难以预料的。

不久之后，美国国务卿贝克出人意料地于 12 月间表示，希望与我在波茨坦一晤。准备时间还不到 24 小时，美方也没有透露任何谈话的内容。我和外交部部长菲舍尔就对美利益状况取得了一致看法。我们将主要弄清楚美国对我们的改革及和平进程是否支持。在我们方面，谈话的内容将包括两德关系、与苏联的联盟关系和对美关系的调整，我们想通过对民德民主改革进程的简短介绍，谋求发展我们两国关系的新的可能性。

会晤的进程表明，我们的方案是正确的。美国国务卿的做法是多听少说。至于两德关系，可以感觉得出，美国政府赞成的是一种条约关系。在谈到美国和民德两国关系进一步发展时，我方表示了对政治合作尤其是经济合作的兴趣。我们要求美国在双边贸易中尽快给予最优惠贸易国待遇，并通过这一途径改善民德经济改革的条件。

贝克饶有兴趣地听取了我们的介绍。他向我们通报，布什总统在和戈尔巴乔夫会晤时表示了希望民德政治和经济改革取得卓越成果的愿望。但是，贝克没有作出亲切友好的表示。美国国务卿对新闻界强调这次会晤是有益的，并表示对这次会晤感到满意。

英国相对沉得住气。赫德外长于 1990 年初访问了民德。他作为菲舍尔的客人，二人进行了内容广泛的谈话。与我会见时，我们主要谈到对民德内部局势的估计和对民主改革进程的评价。尽管谈话是友好的，但英国并没有在支持独立的民德进行改革的问题上作出我们期待的姿态。

年初，我还同日本首相海部通了电话。他向我表示了日本对民德民主化改革进程的支持，并邀请我正式访问他的国家。

德累斯顿会晤

在两德关系重新调整的过程中，我与科尔 12 月 19 日的德累斯顿会晤占有特殊位置。

科尔在未经三个西方大国同意的情况下，向联邦议会提出了十点建议，其中包括一项促使两个德国经过一段较长时间达成统一的惊人计划。我们提出的建立条约关系的建议，也被纳入了十点建议，从而为谈判奠定了具体基础。总理府部长赛特斯于 12 月 5 日来到柏林，为德累斯顿会晤作最后准备。谈判中，商定为 1990 年开放民德公民去西德创造一切必要条件。尤其是财政上的先决条件，只有在西德的协助下才能得到保证。因此，与西德方面商定了有关措施：每位公民每年可用民德马克兑换 200 西德马克以下的旅游费，其中 100 西德马克以 1∶1 的比价，另 100 西德马克以 1∶5 的比价兑换，从而确定 1∶3 的固定兑换率。1989 年底，东西马克的黑市比价已达 15∶1 和 10∶1，因此这一步骤也是针对全面降低兑换率的。关于旅游往来中的保险费和其他方面必须协调的财政问题，也都作了一揽子谈判和协商。

在此次谈话中，西德代表团方面也明确表示，将由民德谈判代表亚历山大·沙尔克－戈洛德科夫斯基负责总理会晤的具体准备工作。这些谈判本不应导致沙尔克从民德出走。联邦总理府部长赛特斯也在新闻界表示了这一看法。

与科尔总理的会晤，是根据波恩政府要求选定的地点。科尔不愿来民德首都柏林。我们也愿考虑在“英雄城市”莱比锡会晤，但瓦尔特堡也不适合，因为“瓦尔特”是“等待”的意思，象征意义太浓。

德累斯顿会晤的日程细节都与赛特斯达成了一致。日程中商定，科尔可以利用机会在群众集会上露面。

我们准备在会晤过程中就两德建立条约关系发表共同声明，并为此而商定，有必要在短期内安排进一步的各种会谈。

在德累斯顿机场欢迎科尔总理，并驱车前往市中心美景饭店谈判地点的途中，我们有机会互相作了介绍。双方努力为公开对话创造良好气氛，所以一开始谈论的多是青年时代、父母家乡、职业发展和政治生涯等话题。由于会晤的日程都已深入讨论过，因此我们在行车途中无须赘述一遍。

可以感觉得到，科尔此行似乎抱有力求友好、不事冲突的初衷。也许他有某种没有把握的感觉。总之，科尔在德累斯顿表现得十分热诚坦率，而不像我在波恩回访时他表现得那样拒人于千里之外。

谈判于10时开始，我们二人在“路德维希·里希特厅”单独会谈了近两小时。我们谈到了进一步发展两德关系的所有观点，并完全一致同意就建立条约关系发表联合声明。双方商定，新年后立即开始部长级谈判。科尔耐心地听取了我的要求，即要求西德于1990年度以某种负担平衡的形式向民德提供150亿马克的经济援助。

我指出，自边界向西德和西柏林公民完全开放后引起的比价变化，以及民德商品仍然享有国家高额补贴的状况，将对民德造成很大的财政压力。双方理应共同承担这一压力。这笔款额的另一部分，应作为对我国经济改革的支持，使我们能够加速实现工农业现代化和扩建基本设施。当时，科尔总理对这一立场表示原则性理解。但是他指出，负担平衡的概念特指战后支付赔偿费的做法，应以“共同承担”一词取代“负担平衡”。在记者招待会上，科尔也以“共同承担”的说法提到了这一援助。但是他拒绝将这与战争结束后民主德国单独向苏联支付的全德战争赔款联系在一起。众所周知，民主德国当时按照国际认可的计算标准一共支付赔偿991亿西德马克，而西德只支付了21亿。此外，西德还通过马歇尔计划从美国获得了巨额援助。

科尔总理在准备阶段表达过想与群众组织的代表见面的愿望。他向我保证，作为总理，我现在是，将来仍是负有责任的对话伙伴。

关于开放民德边境的日程谈判又有了进展。双方原商定自1990年1月1日起，西德和西柏林公民在圣诞节和新年期间即可毫无拘束地相互往来。于是我们一致同意，自12月24日起即可免签证入境。最近几周在新闻界展开激烈讨论的开放勃兰登堡门的问题，也在此时作出了决定。双方商定，勃兰登堡门将于12月22日向步行者开放。

在双方代表团的会议中，还听取了赫尔穆特·豪斯曼和格哈德·拜尔两位部长关于经济合作谈判成果的报告，并通过了他们准备的文件。因提前开放民德边界而造成的抢购后果和必要的供应增加，将由西德提供补偿。

国际舆论界对德累斯顿会晤表示了强烈的兴趣。因此，会谈结束时的记者招待会在文化宫大厅内举行。双方代表团团长发表了简短的声明。科尔肯定了会谈的建设性意义，表示了提供共同承担份额的意愿，强调了双方继续就下一次首脑会晤进行谈判的观点。我特意强调了两个德国建立条约关系对欧洲范围的影响，并着重指出西德提供共同承担份额的必要性。

实际上，科尔后来几乎完全没有信守他在德累斯顿许下的诺言。共同承担份额没有提供，提前免签开放边境造成的损失也没有赔偿。波恩自 1 月间即已失去建立条约关系的兴趣，我也很快就不再是科尔的负有责任的谈判伙伴了。

我认为，促使科尔总理改变计划的主要因素，是发生在正式访问日程结束后的一件事：圣女教堂废墟旁的群众集会。他参加这次群众集会并不是应我们的要求。我们的本意是请科尔在教堂里演说，然后向圣女教堂废墟献一个花圈。可是教堂并不想局限于这个形式。他们的考虑是，在献花圈的地方设一个讲台，以便科尔总理向公民发表演说。理由是，这样做可以避免游行队伍穿过市区，甚至造成新的骚动。

12 月 19 日晚，萨克森地区各地数万人来到科尔总理将要演说的广场。我从电视中看到，一小部分群众高举着要求继续加速民主化进程并确保民主德国地位的标语牌，大部分群众则要求两德合并，并挥舞挖掉了民主德国国徽的黑红黄三色国旗。

科尔发表了小心斟酌的讲演，要求听众保持理智，讲求实际。

然而，即使在他说到“亲爱的朋友们，再过几天，90 年代就要开始了”这类空洞乏味的句子时，也会被狂热的掌声打断，听众们不断地高呼“德国，德国！”“赫尔穆特，赫尔穆特！”

我的印象是，科尔在这次会后就放弃了他自己提出的“稳步前进、讲求实际”的政策，决定快步实现统一。当然，勃兰登堡门开放时他的感受也起了一定作用。

无疑，1989 年 12 月 22 日下午也是当时许多历史性时刻中的一刻。当罗马尼亚齐奥塞斯库下台，而许多人在这个专政被推翻而死于非命之时，我们则在经过几周不流血的改革后在柏林的市中心召开了感人的群众大会。我用“与罗马尼亚人团结在一起”这一句话表明了我对罗马尼亚事件的态度，并声明指出，这一事件对我们是一个警告：两个国家的德意志人必须重新设计我们的和平共处。我向人群高呼道：“永远不让勃兰登堡门前飘动战争的硝烟！”科尔强调了这一时刻的历史意义，他还说道：“讲求实际，稳步前进，这是我们走向共同未来的必要态度。”西柏林市市长瓦尔特·蒙佩尔和东柏林市市长埃尔哈德·克拉克也讲了话。我们事先说定，会后在帝国议会大厦里碰面。结果没有做到，因为人群把我们包围并挤开了，根本无法找到去路。幸运的是，这一天没有人受伤。勃兰登堡门的除夕夜就不大幸运，在一场混乱中导致了一人死亡和很大的损失，尤其是勃兰登堡门上的塑像遭到了严重破坏。

德累斯顿会晤后，两德政府的部长们和政治经济界的代表们之间广泛接触的门户大大地敞开了。我们努力把经济列为共同注意的中心点。12 月中旬制订的稳定计划，以及为使改革进程中市场经济原则有效实施而制定法规法令的各项工作，都要求国际间的合作，尤其需要加强与西德之间的合作。第十四次人民议院大会上，分别于 1 月 11 日和 12 日的第一个和第二个修宪议案中作出了关于民德合资企业的成立与经营法令的决议。与此同时，修改了现有的手工业促进法，目的是为发展手工业创造较有利的条件。

我们的制宪工作遵循的目标是，大大增强民德工业，使之纳入国际分工；在有利的价格基础上改善民德产品在西方市场上的竞争能力，但不妨碍苏联和其他经互会成员国的稳定市场。我们的想法是，首先需要与西德加强紧密合作，以便今后与其他欧共体国家，与日本，也许还要与美国进一步发展关系。

当有人后来指责我们在制定有关经济改革的法律和法令时半心半意，我们均予以反驳，因为我们当时的出发点是建立一个社会主义的市场经济。在向人民议院提交合资经营法律草案时，卢夫特女士强调指出，应向西方真心愿与民德发展经济的伙伴们发出一个信号：民主德国将作为欧洲经济联合体系中强有力的一个伙伴，积极参与欧洲和平建设的进程。

外国的投资应不排除全民所有制的统治地位。对我们来说，这并不矛盾。相反，我们认为这是促进私有制发展和重新布局全民所有制二者之间必要的制衡手段。

在 1990 年 1 月 13 日和 14 日的拉恩斯多夫经济研讨会上，西德经济界表示了向民德投资的巨大兴趣。西德经济界巨子，包括汉莎航空公司的海因茨·鲁瑙、西德工业联合会的蒂尔·内克尔、大众汽车公司的卡尔·霍斯特·哈恩、戴姆勒 – 奔驰汽车公司的埃查德·罗伊德等，听取了卢夫特夫人对经济改革计划和立法立场的介绍。在晚间的一次会晤中，上述康采恩和一些中等企业的代表向我表示，我们的改革设想为双方未来的合作奠定了全新的基础。为了全面地与西德的立法相适应，我们请求北莱茵 – 魏斯特法伦州经济部部长莱姆特·约希姆森教授派专家来对此进行协商。我们的愿望是尽快地全面适应，毫不迟缓地在最大范围内争取到外资投入。

1990 年 1 月 3 日，我有机会与比登考普夫教授就上述题目进行交谈。他肯定了我们的看法，支持我们在这方面采取措施。比登考普夫当时自然没有料到，自己后来竟然成为萨克森州的州长。他对进一步推行经济改革提出了建议。经济部部长豪斯曼多次来民德会谈。作为自民党的政治家，他主要关注中小企业。不能断言他没有良好的动机，但他确实没有对现状提出过任何方案，更不用说对未来提出任何设想了。2 月间他还以为借助于某个“马歇尔计划”可在1990年底从中小企业中创造大约50万个新的就业机会。当他的计划失败后，企图把责任推诿到莫德罗政府身上，说这是因缺乏立法所致。但是，他的说法根本经不起检验。曾经被大肆吹捧的货币联盟和与统一条约有关的各项法律，实际上反而导致了经济的加速滑坡。如果在我执政时期能够及时刹住车，那么后来还是有足够的时间和机会松开刹车，使经济全速前进的。诚然，民德的40年积弊肯定还会有遗留后果，这是谁也抹不掉的。然而用公民的眼光来看，民主德国也有其建设成就，例如它在机床出口方面列居世界第五位。

来自西德各州的援助

1月12日，我得到了波恩政府发出的第一个信号，表明科尔不想遵循在德累斯顿许诺过的政策。在一次会议休息时，我同西德联邦财政部部长特奥·韦格尔会了面。平时说话很干脆的这位部长，此时却寡言少语，显得极为拘谨。他给我的唯一信息是：波恩将不提供民德所希望的款额。这位部长没有看清形势，并不认为向民德提供紧急投资援助可保证一定程度的稳定。否则，这种稳定将会持续到今天。另一方面，他并不想向莫德罗政府提供一个马克的投资。因为，当时已经确定5月6日进行人民议院自由选举，看来西德联邦政府把选举看作挽救危机的良药。就连大选取胜机会最大的社民党，也没有得到任何惠施。韦格尔曾担保，西德经济界将掀起向民德经济私人投资的高潮。这个预言，早在当时就没有任何实现的迹象。

在当时的西德各州，于1989年秋季事件后进一步展开了对民德提供合作和支持的讨论。人们试图帮助民德找到出路。当时也确实有过一些实际行动。姊妹城市汉堡曾向德累斯顿提供有力的帮助。巴登－符滕贝格州总理洛塔·施佩特对萨克森地区给予了关注，布耶恩·恩格霍姆则从石勒苏益格－荷尔斯泰因州向梅克伦堡–福尔波莫尔地区提供了各种方式的支持。

无论当时还是今天，那些旨在解决这个或那个问题的有效援助，当然都无法满足民德对西德各州的总体要求。基本法确保了西德各州的平等地位，但是对东德公民的不平等待遇迄今仍在增加。“东德没有一个人的生活会下降”，这是科尔总理和德梅齐埃在 1990 年春天的许诺。新年前科尔还曾强调，他对时局持乐观看法，大约 5 年内就会实现两德社会的齐头并进。只要对比一下 1990 年的现实和许诺，人们怎么能够相信他的话呢？

关于社民党在统一过程中的作用

在两德统一问题上，社民党颇感头疼。德国东部的社民党成立后，该党的代表伯梅在圆桌会议上发挥了积极而富有建设性的作用。在 1990 年初之前，他的工作受到了人们颇多赞许。该党内部的争论，导致个别人争出风头的企图和该党一份错误的政治纲领，最终失去了许多支持者。社民党领导人却不愿承认这一点。还是在 3 月 18 日之前，马尔库斯·梅克尔来找我们，了解政府工作和可能接管政府首脑职务的程序，甚至谈到了对卸任部长们未来住房安置的许诺。我们向他通报情况的诚意并不缺乏，缺乏的倒是选民们投给社民党的选票。

这个苗头早在大选前数周就已经显现出来，所以我请伯梅与我一晤。我想同他就社民党争取舆论界支持的现有可能性进行商谈，因为我并不排除日后与社民党合作的可能性。我认为，以社民党为主导的政府将对统一过程比较有利。然而，该党的竞选斗争那么软弱无力，几乎得不到任何支持。

在 1990 年 1 月的一次会晤中，西德社民党主席汉思–约亨·福格尔宣布，他有兴趣在两党关系发展中给民德政府以某些支持。由此，我在莫斯科与戈尔巴乔夫会谈时提出了一个设想，即在欧洲发展过程中，借助于社民党的支持，逐步分阶段地实现两德统一。然而事实很快表明，社民党的这种许诺根本没有兑现。

后来，西德社民党内以奥斯卡·拉方丹为首的政治家围绕第一部国家条约展开了争论。此举削弱了本党内联邦总理候选人的地位。东德的社民党参加了德梅齐埃政府，这一政治步骤被证明并不明智。在科尔总理极力推行的统一过程中，德梅齐埃政府已经注定要陷入危机。作为本届政府派去与西德方面进行谈判的代表、社民党部长瓦尔特·罗姆贝格，后来因在德梅齐埃政府中继续留任，因而被以不光彩的方式驳了回来。于是，社民党内某些势力一齐响应号召，群起以破绽百出的理由将刚刚接任东德社民党主席不久的伯梅拉下马来。

因此，东部的社民党站在基民盟一边联合执政，西部的社民党作为基民盟软弱的反对党的现状难以维持。代价是很高的。遗憾的是直至今天仍未有迹象表明社民党将从中吸取教训。关于这一点，不禁令人想起改革前社民党与统一社会党之间的有益合作。在两党合作下，联合发表了《意识形态的争论》文件，并在裁军方面提出了一系列重要的倡议。当时，进一步加强富有建设性合作的途径十分宽阔，遗憾的是今天已不复存在。

与弗兰茨·弗拉尼茨基会晤

与奥地利联邦总理弗兰茨·弗拉尼茨基的会晤，给我留下了良好的回忆。在我接任总理后不久，他即作为第一位政府首脑访问了民主德国。我们把此次访问作为一个标志，说明民德新政府能够获得国际信任，民德的经济关系是稳定的，具有发展前途。在柏林的会谈中，双方对所有问题都很坦率，弗拉尼茨基表现了他的热忱。我们商定了我对维也纳的回访。这一切表明，奥地利支持民德的民主改革，而民主德国在欧洲发展进程中具有一定的作用，与西德建立条约关系的道路赢得了普遍的兴趣和赞同。

在1月26日的维也纳会晤中，我们继续了柏林的会谈，单独就欧洲局势和民德的严峻现状进行了讨论。双方表示将在1990年共同努力拓宽经济关系，迅速发展免签证往来的旅游事业。

我带着一种美好的感觉从维也纳返回。此行我会见了一位充满理解的伙伴，一位怀有人道温暖的政治家，我们之间拥有一种相互尊重和相互信任的关系。

达沃斯世界经济年会

我早就答应参加2月初在达沃斯举行的世界经济年会。当时我们并没有料到日程会这么紧。因为计划参加年会的包括波兰总统，捷克、保加利亚、匈牙利、民主德国和奥地利的总理，以及意大利外长，所以我们认为民德在政治上有必要参加此会。于是，我和我当时的朋友、战友和顾问卡尔－海因茨·阿诺特一同前往达沃斯。这是我第一次去瑞士。这个原因本身就颇具吸引力。

会议期间，我同日本企业家联合会主席斋藤进行了简短的谈话。我们商定尽早会谈一次。于是我于4日应日本电视台之邀前往东京。在东京，我也努力争取日本经济界向民德投资的兴趣。

达沃斯年会在与会的国际经济界影响巨大的代表中引起了极大的注意力。会议大厅济济一堂，数千人参加了东欧国家改革进程的讨论。波兰总统雅鲁泽尔斯基在发言中介绍了波兰经济状况的复杂性，要求与会代表共商建立世界经济新秩序。这一新秩序不应导致东欧各国债务进一步加重，不应使其连年增长的付息负担进一步加剧，而应有助于稳定各国的经济。他对波兰情况作了一个明确的计算：该国的债务已经超过500亿美元；最近6—8年内已偿付400亿美元，其中大部分是利息，而债务却几乎没有减轻。要想改变这种状况，只有全面减免债务。新的贷款应当有助于工业现代化，从而使波兰经济健康发展；应当建立互利互惠的真正伙伴关系。

在谈到波兰西部边界问题时，我以十分坚决的态度声明：民主德国对这一问题的态度是边界不容更改。我们还要求西德也采取同样的立场。我还举例阐明了个人的立场：我出生于雅森尼茨村庄，即今日波兰的雅森尼卡。这些年来，一代又一代的波兰儿童在这一村庄问世，这里已经成为他们的故乡。我的家庭决不能，也决不会对奥得河和尼斯河对岸的这一片土地提出任何要求。

当谈到苏联驻扎在参加华沙条约各国军队的问题时，捷克斯洛伐克总理恰尔法的态度与雅鲁泽尔斯基不够一致。雅鲁泽尔斯基要求全面分析欧洲局势，与北约就修改军事学说的问题继续进行谈判，认为苏联撤军应与国际局势联系在一起；恰尔法则回避任何争论，仅仅在暗示 1968 年捷克事件的同时指出："既然能够在 24 小时内赶来，就应当能够在最短时间内离开。"

在充分了解东欧各国的具体状况时，如果不考虑各种内在联系和相互利益，当然不能贸然改变欧洲的战后格局。民主改革如果导致国际关系的破裂，将对重新营造和平的欧洲大厦造成严重的损害。

也是由于这个原因，即使在国内面临一切负担和挑战的情况下，仍然对捷克和波兰两个邻国进行访问显得十分重要。在 1 月初的索非亚经互会会谈期间，我们即已对此进行了原则性的商谈。剩下的只是协调一个双方能够接受的日程。我们商定，这将是一次不拘礼宾的工作访问，事实上这两次访问正是具有这种特点。

对捷克和波兰的工作访问

2 月 6 日来到布拉格，首先在政府代表团范围内对 1990 年的贸易问题进行了会商。我们认为，双边旅游应作为继续保持和发展睦邻关系的重要部分，两国内部改革应纳入欧洲发展的轨道。我们还一致认为，1990 年间可以继续协商会晤，因为在统一之前还有一年时间可以合作。

与哈韦尔总统的会见也超出了一般的礼节性拜会，因为我们在会见中也谈到了欧洲发展进程和改善友邻关系、文化交流等问题。作为作家，哈韦尔再一次对民主德国舞台上演他的剧作表示感谢。

与国民大会主席杜布切克的会谈具有个人深交的特点。我们谈到了 1968 年失去的社会主义改革良机。我的印象是，杜布切克对社会主义的现实失败感到痛心，而绝不是无动于衷。会谈中他更多地回顾已经失去的机会，较少地设想未来的计划。也许这个印象是错误的，也许我不够公允，因为我只是企图在二者之间作出判断。令我吃惊的是，杜布切克在回首对他本人造成那么大悲剧的往事时，显得那么平和，那么宽容。在我离开时，他对我们的民主改革进程表示了良好的祝愿，我对这些话深为感动。

华沙之行，我是怀着内心的激动启程的。在充满冲突、危机重重的年代里，我在波兰找到了好朋友。

1972 年，当斯多夫和契兰基维奇两位总理会晤时，我也在场。他们谈到了边界开放后免签证带来的影响，协商作出某些调整，使这一值得欢迎的措施在财政方面得到控制。当两国边境后来再度关闭后，民德人和波兰人之间的关系恶化了，民族主义的苗头开始上升。我们期待通过访问明确地确认奥得河和尼斯河边界线，就经济合作和波兰工人在边境地区打工的问题进行磋商，为友好睦邻关系打上烙印。

与马佐维斯基总理的会晤给我留下了深刻的印象。我们当然知道各自的经历不同，但我们很清楚各自对国家承担的共同责任。这一点，使我们无论在单独会谈还是代表团对话时都能创造一种坦诚和充满信任的气氛。由于新闻界和国际舆论对这次会议高度重视，因此同时也是对德意志联邦共和国的一个挑战，迫使他们在保证人权的基础上承认波兰的边界。

与雅鲁泽尔斯基总统的会见，也许堪称友好会面。会谈内容不仅包括同样的题目，而且涉及未来。雅鲁泽尔斯基毫不隐讳地指出，1990 年内他的职务便要被一位新总统取代。

在同格莱梅茨教授和所有联合执政党议员交换意见时可以感觉得到，他们对民德内部发展的评价和未来与德国人的关系，都抱有很大的不安。

在前往机场的途中，我同马佐维斯基总理就会晤的印象进行了十分亲切的私人交谈。我们毫不掩饰地谈到了政治前途的莫测。我们的愿望是，继续保持我们在这次会晤中建立的私人联系，毫不受今后工作的影响。

也许是在华沙的个人经历，使我在返程飞机上劝说瓦尔特·罗姆贝格与我改以充满战友情谊的“你”字互称。由此，也反映出我们政府中的气氛。

东西柏林间的关系

无论是曾经努力谋求的条约关系，还是后来开始的统一进程，都要求民主德国政府采取步骤，调整民德首都柏林和西柏林的关系。埃尔哈德·克拉克和瓦尔特·蒙佩尔两位市长之间的接触，早在转折时期就已开始了。蒙佩尔多次与昂纳克会见，同时也是社民党和统一社会党会晤的参加者，因此，他当时并不害怕双方接触。由于我们把西柏林视作具有国际地位的国家级实体，因此，每次会谈中都有民主德国外交部的代表参加。外交部也为我同蒙佩尔的会晤作了准备。

会谈内容根据东西柏林边界开放的具体需要来安排。波茨坦和奥得河畔法兰克福两个专区的地盘也已提前纳入了会谈内容。某些规定并不是仅仅在 1990 年夏天才生效，而是早在调整柏林和勃兰登堡之间关系时就已经做了一些准备工作。组成一个由柏林市和波茨坦、法兰克福两个专区进行合作的政府委员会。这一工作起步时比较艰难，但最终还是整体通过了。我们还努力把选举产生的议会特别委员会纳入合作范围，以避免所有事务统统由行政机构负责。这些努力被实践证明是正确的。

在那个时期，还能够同蒙佩尔坦率地谈论时局，其中也包括东西德社民党取胜的机会。西柏林市政府后来的方针和蒙佩尔的某些立场，如对美因茨那几幢房子的搬迁措施，使西柏林的地方行政失去了宽容平和，从而导致了柏林地区社民党十分微妙的竞选失败。

汉堡的马蒂亚斯宴会

当时还有一件事值得一提。在那个时代的大潮流中，这件事如同岸边的一朵浪花；而在我个人的经历中，它却留下了美好、独特的印象。自由汉萨城市汉堡市的市长亨宁·福舍劳要求我前往汉堡参加马蒂亚斯宴会并发表演讲。这个活动始自 1356 年，也许称得上是历史最为悠久的宴会形式。来宾包括汉堡市政府成员、各界代表、名人雅士和友好国家的使者。1990 年 2 月 20 日的这场宴会，盛况亦如往常。筵席上来宾如云，有近千人，准备发表演讲者包括市长福谢劳、德意志银行联邦协会主席沃尔夫冈·罗勃和民主德国总理汉斯·莫德罗。

在这次聚会的准备阶段，汉堡市的自由民主党人反对我作为汉堡的友好国家代表出席此宴。汉堡市市长和该市公众舆论没有认同，仍然发出邀请并安排我即席发言。

席间在谈到两德统一进程时我暗示道：“在走向统一的道路上，我们需要一个理智的剧本，以免发生戏剧性的事件。但是，在东西德联姻时，我们并不抱着恐惧心理，而是怀着正常的新奇心理。请诸位不要问我谁是新郎谁是新娘。如果民德将成为温柔的那位角色，那我就要规劝郎君举止文雅。”

后来的事实表明，新郎的举止并不文雅。

根据第 23 条的条款，以民德加入西德的形式实现了两德统一。然而，实际情况却久久没有进展。统一的进程中缺乏宽容和相互尊重——与联邦总统魏茨泽克的要求相去甚远，不仅进展缓慢，而且留下了许多人为的不幸、猜疑和费解。寻觅德国东西部人民之间和平共处途径的努力迄今仍在继续。

六、《德国统一》倡议

分裂之德国的历史，也是两德共处和谋求统一的历史。

由于德国的分裂主要与第二次世界大战的战胜国有着某些联系，因此两个德国之间的边界是根据各占领区的边界划定的。两个德国的内部发展，同时也反映了各占领国本国的社会关系。在20世纪50年代，东西德都以很高的速度构成和固定为各占领国的社会体制，两德之间的生活方式迅速分道扬镳。在民主德国，1952年夏天宣布过渡到社会主义建设阶段，在某种意义上注定了1953年6月17日事件的发生。因为，由此产生的压力必然导致反作用力。反抗力量主要来自工人，而工人和农民本应是这个国家的坚实基础。

此后的年代里，“德国人坐到一张桌旁来”的口号产生了一定的影响，以致少数人越过边境离开民德，而西德则谋求一种对民德的新型关系。在西德，当时先是取缔了自由德国青年联盟，5年后又取缔了德国共产党。联邦总理阿登纳采取了苛刻的反共态度。冷战时期加剧了两德内部和两德之间的紧张局势，从 1961 年 8 月起出现了新的迹象。

历史文献证明，即将进入 70 年代时，围绕如何发展两德关系问题出现了新的争论。维利·勃兰特和埃贡·巴尔制定了社民党的新东方政策。瓦尔特·乌布利希从中看到了可以利用的机会。勃列日涅夫和昂纳克对正在谋求的发展抱着怀疑的态度，从一开始就进行阻止。

乌布利希下台后，昂纳克重新走上新东方政策的轨道。若无此举，便不可能签订西柏林协议，也不可能参加赫尔辛基会议。这一发展进一步确立了两个德国的现状。签订西柏林决议后不久，民德被联合国接纳，受到世界范围内的外交承认。我于 1972 年 5 月访问日本，为德日两国建立外交关系进行对话。1973 年 5 月，两国实现了邦交。

后来，昂纳克频频出访，为数众多的外国高级乃至最高级人物也来到民德。1987 年夏天对联邦德国的国事访问，可能是昂纳克外交政策影响的顶峰。西德新闻界一再描述“昂纳克门前西德各党政治家排队候见”的盛况。此话虽是事实，但在另一方面却使昂纳克昏昏然忘乎所以了。

80 年代后半期，我常有机会与政治家，有时也与西方记者进行交谈。我当时努力向人们展示民德的真实面貌及其内部压力，因为我认为对外粉饰自己只会妨碍制定现实政策。这样做的结果是，柏林的党中央宣布“德累斯顿不能搞外交”。驻民德记者采访我的请求往往被拒绝。西德和其他国家的政治家来访时，只有明确提出要求见我时才会安排，否则外事活动不再安排在德累斯顿。

这种做法，本身表明昂纳克和党的领导越来越缺乏信心。然而，他们却仍然想全力保住民德的国际面子。政治局向中央全会提交的报告中，详细地列数每一位政治局委员或候补委员的外事活动。所有成员都竭力想挤上这类报告，这种仪式也逐渐起到了一种排除异己的作用。对日益严重的内部问题，大家都采取视而不见的麻木态度。

历史只保留客观的记载，因此大可不必对民主德国的生存权利进行争论。在冷战时期和缓和阶段，民德的生存在某种意义上对国际政治含有缓冲和制衡因素。民德的生存机会取决于外界条件，这些条件现已面目全非。“现实社会主义”的命运也对民德的生存至关重要。具有决定意义的是，民德的许多人抱有这样的愿望，即像西德人那样生活，而又不失去民德的社会保障。在边界封锁的年代，已经有数十万人离开了民德。然而在边界开放的统一德国里，至今仍有人离开东部移居西部。

11 月 17 日人民议院大会上，我在政府宣言中第一次全面提出发展两德关系的建议，即建立条约伙伴关系。在议会辩论中，议员京特·哈特曼指出，这一伙伴关系着眼于两德未来的邦联道路。在 11 月 28 日的西德联邦议会上，科尔也把这一设想纳入他的十点计划。面对某些人的批评，科尔不得不作出解释，声明这个计划并不是一张时刻表，有意识地未作任何日程计划，而且也未对各个步骤规定发展的具体顺序。他指出，这个计划既不产生时间压力，也未提及先决条件。

建立条约关系，进而发展到邦联关系，这是我们德累斯顿联合声明的主要观点。

波恩于 1989 年 12 月也通过外交途径向苏联阐述了上述立场，并强调了建立经济关系的意义。当时还没有提到货币联盟的问题。

民主德国政府信守双方在德累斯顿达成的意向声明，准备了一项关于民德与西德之间合作与睦邻关系的条约草案（见附件四）。在西德一边，也许自德累斯顿之后根本没有考虑任何倡议。总之，当我们于 1 月 25 日向西德总理府部长赛特斯提交条约草案后，波恩一直没有反应。

面对这种态势，我们在分析国内政治局势的基础上不得不作出必要的结论，与圆桌会议一道采取一系列步骤，确保民德局势的稳定。与此同时，我们还着手制定一项战略方案，旨在引导我国适应欧洲发展进程，拓展两德关系，最终推出《德国统一》的倡议。

在1989年11月，我们还能基于民德尚有一个社会主义前途的立足点制定政策。当时，提出建立条约关系的建议已经迈出了一大步。后来，当自民党议员哈特曼在就我的政府声明进行辩论时提到建立德国邦联问题时，苏联方面的反应十分强烈。11月底，在苏联大使馆内召开了一次讨论会。克伦茨也参加了讨论。会上，法林竟然探讨了统一问题。他的观点与苏联领导有一定距离。这次讨论的气氛虽不祥和，但在我看来是个好兆头，何况其他社会主义国家中现在也开始了"转折"。1月在经互会会议上谈到的未来计划太过幻想，这些国家的国民经济无一能够承担。迄今为止被我们视为联盟的经互会，已无法维持。我的结论是只有向西德看齐才是一个现实的选择。由于我的观点，我在本党内被视为异己。1月间圆桌会议的讨论使我明白了，这些政治力量所感兴趣的只是民主德国的暂时稳定。否则，早该着手起草新宪法了。因此我们认为应该把民德的稳定与实现两德统一结合起来。在这个意义上，《德国统一》倡议并不是背离条约关系，而是对条约关系的进一步发展。

于是，在与戈尔巴乔夫按双方的约定进行会晤时，谈话的重点主要集中在德国问题和未来的发展上，尽管民德和苏联的经济合作问题对我们来说至关重要。会晤的准备工作通过与苏联大使科契马索夫及其顾问托罗波夫的磋商紧张地进行。

我们认为，西德政府应当履行德累斯顿声明，同时还要提出一项确保分阶段统一及其趋应欧洲发展进程的方案。在飞往莫斯科的途中，我们再一次磋商并修改了这个方案的草案。飞机上的两个小时对我们来说很重要，我们必须利用这一时间对这个方案再仔细研究一遍。今天回过头来比较容易看清楚，当时我们在作出如此重要决定时所拥有的时间实在太少。因为，我们当时的任务并不像有人说的那么单纯，仅仅是解散国家安全机构。这个国家必须处于控制之下，经济必须维持生命力。

这份新方案当夜就译成了俄语，以便双方第二天上午谈判时有案可据。1 月 30 日的会晤在苏共中央总书记的办公室内进行，参加会谈的有部长会议主席雷日科夫、外长谢瓦尔德纳泽和瓦连京·法林。会谈之前，记者们还向戈尔巴乔夫询问了他在这次会晤中对德国问题的立场。戈尔巴乔夫毫不隐讳地答道，苏联尊重德意志人民的自决权利。他的话发出了第一个信号。

在勃列日涅夫时代，政府谈判的形式是各自宣读事先准备的讲稿，尔后打道回府。戈尔巴乔夫的做法则完全不一样。会谈时很快就产生一种亲密而富有建设性的工作气氛，会谈结果往往超出事先交换的谈判文稿。我从未见过戈尔巴乔夫像陛下一样正襟危坐，而是先从桌子等摆饰物讨论起，随时可以改变自己的思路，从不强行贯彻自己事先拟好的腹案。在我看来，戈尔巴乔夫确是一位思路宽阔、思维很有条理的人，他能够说服别人接受他的世界观，可以使双方的意见趋于吻合。但是我必须一分为二地指出，在某些情况下他不是一位很坚定的人，他身边需要一些在原则上敦促他作出决定的谋士。

同时，遗憾的是他对经济问题也不甚精通。

在我们对经济问题进行会谈时，我感觉到他往往总是对这一部分略而不谈，却指定他的总理雷日科夫来回答问题。由于他事先没有确定方针，也没有预先交代，所以雷日科夫便无从深谈。正因为这个原因，我们在谈到向民德提供石油问题时毫无进展。

在回答一位记者的提问时，他声明苏联在德国统一问题上持有一定的保留态度，苏联的立场与法国和英国比较接近；苏联对科尔的态度十分关注：科尔虽然强调对民德改革进程的发展感到忧虑，但波恩方面没有对改革提供支持，科尔似乎是想让民德的不稳定局势继续下去，等到大选后再对新政府采取有效支持。

戈尔巴乔夫同时还认为，3 月 18 日大选时大多数居民将赞成民德继续存在，社民党在大选中得胜的概率最高。

我努力对民德局势作出现实的判断，向他阐述了组成全民代表制政府的条件和程序，建议将人民议院选举推迟到 4 月。戈尔巴乔夫确认已对民德局势的异常复杂获得强烈的印象。他说，不管我们愿意还是不愿意，我们只有客观地审时度势，才可能制定有效可行的政策。

戈尔巴乔夫还指出，对现实问题的任何回避，都会立即造成一种真空，引起混乱，民德必须防止这类后果。民德的特点有别于波兰和罗马尼亚，即存在着两个德国和一个被分裂的民族。多年的分裂，两德之间往来的困难，积存的问题可能导致强烈的民族感情。人们不安地看到，西德的某些势力正在刺激民德的变化过程，这种做法可能导致全欧局势的进一步恶化。根据苏联政府的消息，许多贸易圈对这一发展持怀疑态度，这种政策导致的后果也必将激起人民的愤怒。

戈尔巴乔夫进一步指出，必须向西德总理明白无误地讲清楚，任何置民德于不安定的企图都是不恰当的，其结果可能对西德造成负面效应，也会给所有欧洲人造成消极后果。必须让波恩明白，在这一重要时刻，不允许因此而造成信任危机，导致单方面采取有悖于迄今达成的政治协议的行动。苏联将通过与其他伙伴的接触对此施加自己的影响。

戈尔巴乔夫认为，由我提出的两德分阶段实现统一、首先签订合作和睦邻条约的建议，本身已经包含着邦联的成分，是在目前立场基础上的创新和增强。在苏联看来，这个方案的下一步骤，即从邦联发展到联邦国家，亦是经过深思熟虑的。

戈尔巴乔夫坦率地承认，前几天已经讨论过类似的想法，所以他本人对此自发地采取积极的赞成态度。他认为，必须在四大国尽可能最高级别上磋商今后的所有步骤，要求对民德及其利益发表一个表态性声明。关于统一后德国的未来地位问题，戈尔巴乔夫起初要求西德退出北约，并在军事上保持中立。这一要求被外交界普遍认为是最高价码，尽管不大可能被接受，但完全可以作为谋求妥协的基础。在同英法政治家的接触中，戈尔巴乔夫形成了一个设想：他所致力于营造的欧洲大厦，应与北约的改革联系在一起，事实上可以导向德国中立化的既定目标。苏联方面当时还有一个设想，即通过签署一项和平协议来约束欧洲发展的全过程，换言之，从国际法上确保二者同时并进。只是苏联后来在谈判中远离了这一方针，乃至最终认可了北约对前东德地区的扩张。

短短几天后，科尔总理出访莫斯科。访问期间，苏联阐明了对两德统一的基本立场。然而，后来的统一进程，恐怕与双方会谈的内容并不相符。

在军事中立化问题上，当时的立场就有所变化。就连“二加四谈判”的进程及其谈判结果，也与应当重视《波茨坦协定》基础上民德及其公民利益的要求大大相左。统一条约中的巨大缺陷掩盖了上述弱点，从而将使未来几年的统一进程大受其累。

我们也同戈尔巴乔夫谈到了怎样向公众宣布德国统一方案的各种可能性。因为我们认为还需要一天时间进行磋商和慎重考虑，所以不可能在莫斯科访问结束时利用原计划举行的记者招待会。另一方面，我们考虑到局势的严峻，不想拖延时间。

正是考虑到局势的严峻，我也不能等到全民代表制政府正式组成，即等到人民议院 2 月 5 日批准之时。作为各党派组织的民主性特别机构，圆桌会议也不是讨论总理所提方案的合适场所。于是我作出决定，将我的统一方案在 1990 年 2 月 1 日的记者招待会上向国际舆论公布（见附件五和六）。正如事先预料的那样，记者招待会上人们的兴趣主要集中在军事中立化问题上。我指出，这一设想只是作为对话的建议提出，然而必须考虑到的是，东西德之间的边界在邦联体制内将不再成为两大军事集团的分界线，将不再承担由此而产生的一切后果。

有一种观点认为，一个军事中立的德国是最危险的选择，因为统一后的德国将不受任何联盟的约束。今天看来，这个观点只是部分正确。华约已经解散，但是两德的统一没有给北约的军事转变带来任何重要的兆头。以政治联盟取代军事联盟的基本步骤也丝毫未见行动。巴黎条约虽然是一个进步，但欧安会谈判进程需要更加猛烈得多的推动力，方能达到解散军事集团、克服集团思想之目的。

国际舆论高度评价 2 月 1 日的倡议，称之为德国统一道路上富有创举的良好开端。对这一倡议的批评和失望来自己方内部，如群众组织、新闻界乃至我自己家庭中。人们的主要责难是：此举意味着刺向民主德国的最后一刀。也有人认为我是昧着良心或违心地超前逃脱。当时很难解释的问题，随着历史的进展已经得到证实。在那个时候，两德统一已经列入议事日程，所以这项建议谈不上是超前逃脱，确切地说是不能落后于事态的发展。

从这项倡议中，也不会推导出所谓“最后一刀”的结论。按照这一倡议，民主德国本来还可以存在到 1991 年。《德国统一》的倡议是分阶段实现两德统一，在两德联合行动中大约需要两年时间。两年的时间不仅可以使统一小心、有序地进行，大大减少对民德居民的消极社会后果，而且可以使群众组织有能力增强其地位，与其他民主改革力量齐力将 1989 年秋的重要成果带入德国统一进程。

分阶段过渡到统一的思想，在波恩政府圈内当然遇到了极为尖锐的反对，就连社民党也不再支持。统一过程中出现的问题和冲突，自然会引起尖锐的批评，而且迄今仍在不断招致批评。科尔早在 1989 年 12 月访问德累斯顿后即已离开了他那十点建议的立场，转而力促迅速统一。然而，他却从未制定出相应的新方案。

当然，今天已经没有退路。昔日民德的公民们，不得不在充满社会冲突的谷底艰难跋涉。这一谷底究竟有多深，究竟哪些人将蒙受其难，基本上取决于联邦政府的政策。只有视全民利益高于党派利益，只有将康采恩的盈利置于社会平衡之下，只有所有民主的和在野的力量真正意识到自己应当重视工人、青年和老人利益的责任和能力时，才有可能阻止统一后德国的“西倾”现象。

七、最后的尝试

我的莫斯科之行和科尔与戈尔巴乔夫后来的会晤，为我与科尔总理 2 月 13 日在波恩会晤的准备工作奠定了政治基础。我们还在此基础上着眼于签署一个两德条约，以协调东西德之间在某个时期的合作，并在平等合作的前提下逐步发展邦联关系。这是两德统一的第一阶段，将为后续阶段开辟通道。

双方约定，我于 1 月 25 日会见西德总理府部长鲁道夫·赛特斯，为波恩会晤预作准备。准备工作的重要部分是起草条约关系方案的草案。我们把这一草案交给了赛特斯。我们通过苏联大使科契马索夫向苏联通报了此事，并请苏联表明其立场。莫斯科的答复是原则同意。1 月 30 日会见戈尔巴乔夫时，苏方又强调了这一立场。我们当然继续对西德政府提供连带责任援助的态度很有兴趣。因为从我们的角度看，这一援助对民德的稳定及其邦联道路具有关键性作用。我们同时向赛特斯提交了一项使用这笔 150 亿西德马克援助的计划。最后我们还审查了德累斯顿许诺的兑现情况和1990年旅游往来的计划情况。我们的结论是：一切必要的前提条件已经具备；由于许多公民已经开始兑换货币，需要设立旅游基金。我们的西德伙伴立即着手准备会谈的这一部分，最后这个明显的问题很快就得到了解决。

波恩会晤的预备会谈只能视为礼宾性磋商。双方一致商定，圆桌会议的各政党和组织都将派代表与我同去波恩。应我的要求，对方同意安排我会见联邦议会各党团主席和经济界代表。在会谈中，我请赛特斯对德累斯顿的声明给予应有的重视，因为这一具有法律效力的意志宣示将为未来作出重要定向。

2月3日，我还在达沃斯世界经济年会期间会见了科尔。这次会见具有真正的私人性质。科尔夫人为我们准备了小型的冷餐。科尔夫妇待我十分亲切周到，犹如我是一位已有10次家访的老熟人。不过，这次会见不包括政治合作内容。科尔总理虽然对此表示了兴趣，作了某些暗示，但丝毫没有表露将在东西德关系的进一步发展问题上提出任何方案。

我向科尔介绍了全民代表制政府的组成情况。新政府的部长人选将于2月5日由人民议院批准。我谈到了与此有关的一些设想和步骤，即如何继续维持局势稳定和准备3月18日大选。由于舆论界当时一再报道双方仍对邮件和电话进行监控，所以我们相互作出保证，将立即取消这种做法。

科尔总理强调了他与戈尔巴乔夫和美国政府在所有问题上的秘密接触，并告诉我，他将在近期内与戈尔巴乔夫在莫斯科会晤。科尔在谈到东德局势时说，不应发生任何可能导致不稳定的事。然而，这种事当时就在发生，例如西德公民的大规模抢购。此外，西德公民对清算财产，尤其是索回土改田地的要求，造成了民德法律的巨大混乱。因此我在介绍情况时还强调指出，由于西德政府未能履行科尔总理在德累斯顿所作的提供连带责任援助的诺言，已经在民德民众中失去了信任。科尔则强调，必须撇开竞选战术的考虑，谋求一条支持民主德国的途径。为此，双方“非保守派思想家”应共同协作。2 月 5 日之后，我方任命了德意志外贸银行总公司主席韦尔纳·波尔策、外贸部副部长海尔塔·科尼西女士和我的私人助手卡尔 – 海因茨·阿诺特为智囊组成员，然而他们没能与任何西德伙伴接触过。

科尔总理在达沃斯作了题为《欧洲——所有德意志人的未来》的报告。他在报告中声明：东德人在经济和社会方面需要得到大大的改善，联邦政府准备提供新的大量援助。他指出，东德持续的移民浪潮是一个特殊的问题，致使经济恢复的机会丧失。

当人们在这个声明一年之后再来回顾，东部德国训练有素的专业人员移居的现象仍在继续，东部各州政府仍在抱怨联邦政府未提供新的大量援助。而人们并未分析和弄清的是民德带给西德的价值的范围和数量。这些价值都是前东德公民创造的。赖纳尔·埃佩尔曼被指责因出售或赠送军事装备使西德联邦国防军蒙受大约 1.5 亿马克的损失。然而，必须弄清的是，这一决定并不是民德政府作出的，而且民德的任何财产当时都不属于联邦国防军。至于东德国家人民军带给联邦国防军价值多少亿的财产，则从未被舆论界提起过。

我们为波恩会晤作了十分细致的准备。准备工作是与所有内阁成员，尤其是那些将随访的成员密切合作进行的，同时也与圆桌会议进行了紧密合作。圆桌会议建议在 3 月 18 日大选后再对货币联盟问题进行表决，在此之前可以谈判，但不应作出法律决定。这一建议的起因是，西德舆论界透露了波恩的意图，即撇开正在进行的谈判，迅速建立货币联盟。2 月 9 日那天，民主德国国家银行主席卡明斯基同西德联邦银行主席珀尔还就货币问题进行了谈判。谈判时可能提到了货币联盟问题，但都认为拟定的时间过于仓促，难以实现。既不可能是联邦银行主席在短短几小时后重新改变认识，也不可能是无视所有财政战略问题而将政治置于压倒一切的地位。总之，经济和社会联盟中的众多问题使人们得出这样的结论：实际上是那些非常“非保守派者”的杰作，此举的代价则是民主德国的败落。圆桌会议的“刹车作用”只持续到3月18日。这天之后，科尔总理的竞选许诺就泡汤了。

我们坚持德累斯顿声明的努力面临严峻的考验。从关于货币联盟的舆论中可以清楚地看出，通过这条放弃重要主权的途径，民主德国的自主权将在短时期内不复存在。西德孤注一掷打出了西德马克牌：如果民德公民不必去投向西德马克，而是西德马克投向民德公民，那么一切矛盾就会迎刃而解。然而事态的发展恰恰相反。货币联盟后的情况表明，因为社会地位相差仍然很大，所以昔日民德的公民仍然大批拥入昔日的西德，以谋求收入较高的工作。问题仍然存在，甚至不断尖锐化。

波恩会晤

因为我们当时就已预见到货币联盟的消极后果，并十分明确地指出这一危险，所以波恩会议处于一种十分紧张的气氛之中。

会晤的日期安排在2月13日，事出有因。当科尔访问德累斯顿时，大选的日期定在5月6日。后来大选提前到3月18日，而科尔总理实际上也已吞并了东德的基民盟。因此，我们当时正处于竞选斗争之中，波恩之行不可能指望有何具体成果。科尔如取消日程，无异于是对民德公民的侮辱。于是，当时的局势十分引人注目，况且我方赞成取消访问的人也已不占多数。我的看法是，只要踏上波恩，就要为民德争得一点尊严。“为了我们的祖国”——这也是我当时的心情。我们要挺起腰杆走进统一的德国。

根据协议，我们于2月13日乘一架政府专机飞往波恩附近的科隆，尔后换乘直升机。在总理府，我们受到联邦总理赫尔穆特·科尔及其内阁成员的欢迎。科尔总理和我的单独会谈更多地具有礼节性特点，因为这个谈话对双方代表团后来会谈的内容并无任何影响。科尔现在已不再去想他在德累斯顿许诺的那句话："莫德罗先生，您是我的对话伙伴。"科尔总理用一句话概括了联邦政府的立场："马克是联邦政府所拥有的最好东西，民德公民很快也将拥有它。"

双方政府代表团的谈判，并没有按照波恩的意图进行。几周以来，西德政府一直敦促圆桌会议派代表参加谈判，而我从未持过保留态度。相反，我表示本届政府内所有 13 个政党和组织的部长都可以随访波恩。科尔的战略是向世人表明，他不再想同莫德罗的政府达成任何协议，而是把在野派力量视为未来的联盟伙伴——如果这些力量及时与我划清界限。但是，科尔的如意算盘没有得逞。我们在代表团内达成谅解，恰恰让新部长们出来说话。我们也是想用这种方式表明政府内工作的人人平等。于是，前三个发言的人是沃尔夫冈·乌尔曼、赖纳尔·埃佩尔曼和马蒂亚斯·普拉切克。民主党代表乌尔曼是在圆桌会议的推荐下参加波恩会谈的。他表示坚决反对民德根据西德《基本法》第 23 条款加入西德，认为中欧不应当出现一个大国卡特尔、一个第四帝国，以免导致邻国的恐惧。他赞成建立一个德意志国家联盟。对科尔总理来说，乌尔曼显然走得太远了。科尔表示了不悦，认为不应使用"加入"这个词。此外，他还为德意志联邦共和国辩护，反对将它比作第四帝国。

埃佩尔曼肯定了去年秋天以来民德发生的巨大变化，并提到了谈判桌旁坐有 8 名来自新政党和组织的部长这一变化。他强调，为了努力创造会谈的良好气氛，双方在交往中有必要排除过去的敌视观点。他说，在民德政府中担任部长期间的合作表明，这是一个集体负责的政府，确是全力为 1600 万民德公民服务的代表机构。

普拉切克在发言中开门见山地断言，群众运动已在秋天达到了一个完全特定的目标，即获得自主权。"我们得到了它，并将保持它。"他强调说。在谈到民德的经济状况时，他要求西德联邦政府立即提供援助。他指出，民德公民一直期待着援助，科尔总理也曾宣布给予援助。他转向科尔说："您常说我们是兄弟姐妹，我相信，兄弟姐妹之间不应该口是心非。"

克里丝塔·卢夫特夫人强调，货币联盟必须与经济和社会联盟挂钩。在建立货币联盟时，必须仍能确保基本的社会权益。她还指出，在调整货币时，不应使民德公民的存款受到不适当的损失；对那些所产产品尚未具有竞争能力的企业，暂时还应给予补贴。

卢夫特的意见触动了财政部部长特奥·魏格尔最敏感的神经。这一点在谈判桌上即已表现出来，尤其是当他以傲慢的姿态出现在记者面前时，竟连对卢夫特夫人——她毕竟是一位政府代表——最起码的尊重和礼貌界限都严重地超越了。

在这次会晤中，我们的主要任务是努力维护民德公民的利益，显示我与圆桌会议的协调一致，并指出两德统一时应承担的民族和国际责任。科尔总理对我方代表团的发言作出了比较强烈的反应，尔后阐明联邦政府对货币联盟的立场，并保证了参加谈判的意愿。但是，他坚决表示要把解决现有问题的步骤推到 3 月 18 日大选后再说。莫德罗政府已不再是他的伙伴。

在记者招待会上

波恩记者招待会也反映出几分会谈的气氛。由于大厅爆满，科尔总理和我不得不通过紧急通道才来到会议桌旁。科尔自视为此间的胜利者，摆出一副相应的姿态。我在此刻的感觉实在难以描写，不光是失望。对我来说，这次会晤已经标志着民德无条件地交给了西德。这位联邦总理在记者招待会上把西德马克置于中心地位，语气中充满对东德的贬鄙。他的态度引起了许多人的反感。当时我在西德收到的许多信中，都对科尔在记者招待会上的做法表示了遗憾。

我所关心的不是粉饰民德现状，但必须弄清一个事实：民德在走向统一之时，不光肩负着昔日的负担，需要奋起苦干，而且带来了“我们是人民”的豪言壮语和民德公民以辛勤劳动创造的物质财富。凡是轻率地热衷于数落民德经济衰败动荡者，都是想把统一的代价统统推到民德人民头上。民主德国的国民纯收入是14000亿马克，此外还有620万公顷农业可耕地和价值9800亿马克的国家财产。

对民德总价值的估算结果和以西德马克换算的基本估价，根本没有公布。舆论宣传的多是“结组合作”的消息，而对托管工作则尽可能隐而不谈。

在记者招待会上，我强调两德统一过程中应予重视的国际责任。我首先指出应信守对苏联的诺言和从国际法上确认奥得－尼斯河边境。

记者的提问主要围绕着货币联盟及其影响和国际舆论对两德统一的看法。对货币联盟所能产生的影响，西德根本没有任何思想准备。于是，布吕姆部长在回答时实际上答非所问：人们将对建立一个社会联盟表现出良好愿望。他的回答使我意识到，在这个问题上，他的说法可能是唯一结果。

遗憾的是，后来不仅缺乏良好愿望，而且缺乏对西德政治家们在竞选中所作诺言的信守。

1990年2月13日的记者招待会，在一定程度上预示了日后在统一过程中将要发生的一切。

会晤期间的许多接触并不只具有礼宾性质。在当时的条件下，这些接触含有实事求是的特点，使双方都意识到必须承担民族责任。如果今天有人企图对我个人进行恶毒的诽谤和中伤，那么我要强调指出，我的每一个对话伙伴都了解我的历史。从1989年11月至1990年10月，民德有过两位总理，现在也该对他们作一下“清算”。关于我自己，在转折前被视为改革者，于是一些西德政治家在许多谈话中表示支持我。在我主政期间，此类对话是代表全民利益。然而，当时的一些对话伙伴现在想让人忘掉这一切。

西德经济金融界表示过介入民德经济的兴趣和愿望。他们对已经迈开的步子表示赞同，并称期待着民德的进一步改革决策。所有这些代表给人的印象是，将进一步促进民德经济现代化和继续稳定发展的方案。遗憾的是，一切都是纸上谈兵。在民德苟存的岁月里，民德并不是西德的投资地区，而是西德商品的销售市场。

2 月 13 日晚，我会见了维利·勃兰特。他是一位书写过德国历史，将社会国际推而广之，并以自己的一生将社会民主党人与共产党人的命运紧密相连的人物。他在与我会晤时尽量免去了客套。尽管当时对许多事一时还认识不清，但他却从这一历史进程的客观角度上，用批评的目光评价了西德大联合政府的政策，并且有力地阐述了他对统一过程中必须重视欧洲发展进程的看法。从谈话中可以感觉到，勃兰特对苏联是多么地关心。我们在谈话中一再回顾了苏联在欧洲关系上的作用以及苏联内部的局势发展。

当维利·勃兰特 1990 年 12 月 20 日在帝国议会大厦以老议长的身份对新当选的联邦议会致开幕词时，他的话使我回忆起我们的波恩会晤。他当时说："应当尽快搬开水泥墩，解除人与人之间的隔阂。"对我来说，正是我们的波恩会晤解除了人际隔阂，而且不仅如此，更重要的是建立了对勃兰特的信任。

在我担任民德总理的全过程，我始终努力维护苏联的利益，并也要求苏联政府在"二加四谈判"中对民德公民的利益给予应有的考虑。但苏联方面却未对维护《波茨坦协定》给予足够的重视，对两德历史上的不同发展道路也不够重视。

民德政府在 1990 年 3 月 1 日的政府会议上一致通过了关于所有制的声明。在这项声明中，民德政府要求西德政府不应考虑改变民德的所有制，而应遵守第二次世界大战后国际法协议、同盟国委员会制定的对德法律、昔日苏联占领区颁布的规定以及民主德国的法律法令，维持所有制的现状。在向科尔总理递交这项声明时，我们要求他理解民德公民为维护其财产而日益增长的忧虑。

我们的声明没有得到科尔总理的善意反应。相反，当他听说这项声明已转交戈尔巴乔夫时，甚至大为恼怒。这位总理还向人们暗示，莫德罗先生在3月18日后对此就没有发言权了。这一点是说对了，但遗憾的是在统一进程中仍有许多财产问题没有澄清。有些问题本应在“二加四谈判”中得到更多的重视和具体的明确。关于财产问题的争论，还将困扰数十万公民若干年。这些问题也将成为统一德国内东西部之间新产生的隔阂之一部分。

再访莫斯科

波恩会晤后，我请戈尔巴乔夫接待一个民德全民代表制政府代表团。埃佩尔曼也愿意同我一起去莫斯科。通过科契马索夫大使转达的建议很快得到了赞同。我们的访问日期定在3月5日和6日，后来又增加了一项同新政党和新组织的代表们会晤。

我同戈尔巴乔夫的单独会谈持续了将近一小时。戈尔巴乔夫强调，在世界局势尤其是欧洲局势发生巨变的情况下，增加接触、交换意见是有必要而又有益的。他首先请我介绍民德的局势。我简短评论了与科尔的会谈，指出科尔的基本方针是通过建立货币联盟迅速实现两德统一，民德人民议院竞选斗争时提出的“德意志联盟”口号，到年底将成为西德联邦议会竞选时的事实。我当时还没有料到，这一评价后来居然那么准确地言中了。

因为这是我作为民德总理与戈尔巴乔夫进行的最后一次会晤，所以我试图阐述我对德国统一过程中苏联政策重点的几点看法：

——确保对民德关系的连续性和稳定姓，以避免两国间经济合作的立即破裂；

——四大国有责任引导统一进程，遏制西德吞并民德的企图，确保两个德国统一过程中的平等基础；

——在经济合作中，应注意到民德向资本主义市场经济过渡的倾向。

戈尔巴乔夫强调了自己的观点。他认为西德吞并民德可能对欧洲造成不利影响，因此苏联将继续努力使德国统一与欧洲统一进程联系在一起。苏联主张必须对各国内部安全和所有欧洲国家的安全给予应有的重视，决不允许改变战后现实格局和欧洲各国边界。此外，要求西德对此作出明确而无任何含糊的态度。

苏联立场的重要部分得到了满足，但两德之间平等地分阶段统一的要求却没有实现。由此而产生的问题变得更加严峻，超过了我当时的预料。

我为维护与苏联的良好关系所作出的努力，一直持续到政府任职的结束。尽管我的政府在 3 月 18 日后只有权继续执行贸易合同，但是迄今仍担任经济委员会主席的卡尔·格林海德直到 3 月底还以莫德罗政府代表的身份飞往苏联首都莫斯科，与苏联部长会议两位副主席西塔扬和西拉耶夫进行最后一次会谈。我们这一做法也许使苏联政治家们对未来关系的复杂性有了些许认识，从而对 1990 年还能有所补救。遗憾的是，我们的担心很快就被完全证实了。合作破裂了，从而导致东部各州出现不断上涨的失业率。

我们政府 2 月与戈尔巴乔夫会晤的代表团，会谈任务主要由新政党的部长们负责。当戈尔巴乔夫欢迎代表团时，埃佩尔曼手持一支点燃的蜡烛，上面用俄文写着“谢谢”二字。戈尔巴乔夫的反应显然很激动，同时又有点儿尴尬。埃佩尔曼当时表示，这一谢意是针对苏联从希特勒法西斯主义统治下解放了德意志人民，同时也是对苏联在世界和平和裁军方面所作努力的感谢，对改革政策和这一政策对民德发展所起影响的感谢。

同戈尔巴乔夫谈话的中心题目也包括和平与友好共存，主要是指苏联在民德领土上的士兵同我国公民之间关系的新发展。每位发言者，无论是乌尔曼、埃佩尔曼还是伯姆、普拉切克，都认为有必要进一步发展民德与苏联之间的友好和信任关系，并将这一关系作为未来欧洲大厦的重要基石纳入德意志统一进程。

戈尔巴乔夫声明，苏联高度评价民德的民主化改革。他认为此次会晤为发展苏德两国人民之间的良好关系作出了重要贡献。他表示，希望民德新的大选之后仍能保持这一关系的发展。

大选前的困难抉择

3 月 18 日大选的准备阶段，已经成为全德范围的竞选斗争。尽管圆桌会议提出过要求，西德政治家不应参加竞选准备，以保证民德公民的自决权。但是，无论基民盟 / 基社盟、自民党还是社民党，都没有遵从这一要求。

1989 年秋天待在家中的数百万人，于 3 月 18 日参加了大选。大多数人选择了科尔以及已被他收容的东部基民盟。基社盟在东部的女儿党德国社会联盟也进入了人民议院。该党公开的反动立场很快使它陷入孤立，当联邦议会大选时，它已不再拥有当选机会。

社民党在 3 月 18 日大选中的结局是大大的失望。这一结果持续到后来的联邦议会大选。

这次竞选斗争，对我来说一直伴随着一个困难的决定。在 1 月 28 日关于全民代表制政府组阁的谈判中，我几乎已经从政府中脱身。在谈判的某个阶段，又有人提出建议，要求所有部长“暂时中止其党籍”。由于大选日期提前到 3 月 18 日，这一讨论议案未获通过。新部长们和一部分老党的部长参加了竞选。民社党的部长们却没有任何思想准备。我党的党员和女性同情者毕竟还都希望我担任候选人。

2 月 22 日，民社党各专区组成的一个代表团在政府办公大楼找到我，尽力劝说我答应出任候选人。我仍然决定不出任。

2月24日和25日，民社党召开党的竞选大会，对本党候选人和竞选计划作出决定。2月24日下午，我从汉堡回来，也参加了会议。这次会议存在政治压力，代表们郑重递交的签名请求，与年轻代表们的谈话，以及主席团内部的夜间讨论，所有这一切都形成一种精神重负。格雷戈尔·居西在主席团讨论中提醒我，他的两位副主席之一沃尔夫冈·贝格霍费尔巴拂袖而去，如果我再拒绝出任候选人，他怎么还能继续奋斗呢？

我同妻子也进行了讨论。她对我的矛盾心理十分了解，但她也很重视党的期待愿望。就这样，我终于作出困难的决定：出任候选人。

直到今天，我也没有从当时的矛盾心理中摆脱出来。关于这种心理，我在那次党代会上谈到过。一个人的力量究竟能在政治生涯的要求面前坚持多久？一个人的力量能在当时的责任以及由此而产生的自责压力下坚持多久？当所有人都逃避现实之时，一个人又能书写几页历史？如果世上不再存在挑衅，又何从谈起发扬宽容和互敬精神呢？

这些问题导致了我对历史这一小小片段的记录，以期引起人们对许多历史时刻的反思。这段历史不仅涉及过去，而且延伸到今日之德国乃至20世纪90年代之德国。

八、一年之后

“迟到者将受到生活的惩罚。”这是戈尔巴乔夫 1989 年 10 月间在柏林说过的话。他自己也许都没有预料到，他的话那么快就变成了事实。

世事沧桑，变化万端，就连各社团的目标也变得游移无常。有的人在 10—11 月间还赞成社会主义的民主化改革，还高呼“我们是人民”的口号赢得满堂喝彩，可是不久就看破红尘，改弦更张了。时至晚秋，人们又提出了新的疑问：“为了我们的国家？”即使有数十万人的回答是“为了民主德国”，但同时却有更大部分的居民已经改变了想法。对时代见证人来说，评价这一年的往事并作出定论绝非易事。时代的见证人尚且如此，时代的弄潮儿就更加难以评说往昔了。

最迟到 20 世纪 70 年代中期，社会主义深入改革的时机就已经成熟。在西柏林条约签订之后，进入了东西方合作阶段，苏联及华约各国对外展开外交攻势。当历史进入赫尔辛基协议阶段时，社会主义国家就应当迈出改革步伐了。然而，一切都没有发生。于是，当美国及其北约盟国于70年代末将历史推入东西方对抗的阶段时，勃列日涅夫领导下的苏联陷入经济萧条，在外交上已无力发起攻势。尽管昂纳克当时声称，在尖锐对峙的阶段仍须保持外交攻势，但正是他错过了时机，因为民德内部经济像苏联一样处于萧条之中。于是，戈尔巴乔夫在20世纪80年代前半期无力进行改革，整个世界也失去了一个本来可以用新思维阻止对抗的历史时期。相反，全世界在军备上耗资数十亿，敌对态势经年未变。

正因为这一历史原因，到1989年底时，民主改革的时机已不复存在。世人不应该责备那些曾经试图推动改革的人。恰恰相反！仔细观察一下，正是那些群众组织的思想家和首创者曾经努力在民德推动改革，正是他们推动两德关系进入一个新阶段。

正是由于这一原因，圆桌会议才能在某个时期实现了包括统一社会党/民主社会主义党在内的老党代表与新党和群众组织之间有益的合作。这一时代遗留下来的真正民主的产物——民德新宪法，便是一个明显的标志。这一遗产也成了衡量民主关系的一个尺度。今天，各群众组织、部分社民党党员和民社党正坚决地作出努力，通过广泛基础上立宪的倡议拟出一个新规划，以期获得人民的选择。

那些对现实感到失望者，那些在一年之后认识到事与愿违者，均可以踏入这一行列。制定一部新的宪法，将可以使统一后的德国优越于昔日的西德和昔日的民德，将可以使统一的德国进一步增强民主。每当我想起联邦议会中的气氛，耳边便响起那些呼声："莫德罗先生，您必须提出这个问题！"我的回答总是这样："为什么您不提？难道您不愿意，还是您有顾虑？"

有人可能会说，当两德统一问题列入议事日程时，政府和圆桌会议也曾赞成制定民德新宪法。这一点无可非议。有争议的是那条很快就走向统一的道路。必须看清的是，若无一部全德新宪法，民德将被西德吸尽骨髓。

尽管已经过去一年了，但我们仍然不想回避一个问题——我在2月1日所作的声明《德国统一》，究竟是在时局逼迫下的产物，还是发自内心的信念？根据我的观点，统一是不可避免的必然道路，务必坚定地迈向统一。

正是基于这一观点，我认为在德国和欧洲统一过程中，均衡适度地、分阶段地稳步前进具有一定意义。迄今为止深刻的冲突和严重的积难足可证明这一想法的正确性。

如果今天有人想把统一节奏过快归罪于苏联局势的发展，那么这种牵强附会的做法无异于一种诽谤。无论苏联的局势多么复杂，戈尔巴乔夫和我毕竟在1月30日经过仔细讨论后对统一问题作出了原则的决定。科尔总理2月间在莫斯科会谈和抉择的内容，均建立在1月30日会谈成果的基础之上。不容忽视的是，科尔在谈判时曾经作出某些让步，譬如在军事中立化问题上。统一的快节奏并不是外界因素促成的。这一快速发展也未给欧洲统一带来任何益处。

然而，仓促统一却使国内局势变得更加困难，使今天充满无法解决的问题。毫无疑问，东德引进西德马克和市场经济后确实在某些人面前展现了名副其实的地平线。许多人的生活质量有了改善，尽管平均水平还没达到“老西德”。不过与此同时，东部对生存的恐惧心理越来越重。工人被遗弃在街头，农民陷入社会困境，科学家被“清算”，年轻的医学生大学毕业后没有机会接受必要的专业医学训练，技校学生在学习期间就担心毕业后的就业问题。

绝大多数西德公民并不似他们的“东部兄弟姐妹”，没有成为20世纪80年代历史的牺牲者，也没有——或者尚未——成为仓促统一政策的牺牲者。当然，他们中的许多人今天已对未来充满忧虑，因为他们不禁要问，眼下他们的社会财产能否保住，怎么保住？原因是：越来越多的迹象表明，他们像东部同胞一样，在波恩政府的政策下赋税日重，因为德国统一的代价要比人们想象的高得多。

在我看来，自命不凡与自以为是同样偏颇。此外，德国统一的进程也至关重要，这一进程对人们的影响更为深刻。如果我们今天分析一下全民代表制政府终结和民德基民盟、自民党和社民党联合执政后一年来的风风雨雨，那么足以证明，当时政治家乃至经济专家们所提出的许多警告已经成为事实；我们政府提出的分阶段统一，使民德在财政、社会上逐渐适应新条件的方案，正是力图避免这些后果。

3 月 18 日后是否还有可能通过另一条途径实现德国统一？我坚信这样的途径是有的。曾经存在的历史机会，本来可使德意志民族分阶段地、有组织地、在兼顾两国公民利益的前提下实现统一。为达此目的，当然需要有一个经过深思熟虑的方案。那个匆匆忙忙拼凑出来、支离破碎的统一条约，当然算不得是深思熟虑的方案。于是，本可以实现无痛或微痛统一的机会被错过了。对基督教民主联盟来说，1990 年 12 月全德联邦议会大选的政治成果重于一切。遗憾的是，社会民主党在一开始亦是如此，后来的政治转向已经为时晚矣。

即使一年后的今天，仍然有机会将统一的下一步进程着眼于人民的福祉。但是，波恩政府迄今为止没有拿出过有效的方案。恰恰相反，也许有些人说得对——在波恩新政府经过联合执政谈判后终于组成时，有人断言过，政府只想用传统的旧药方，来医治统一过程中的新病症。可以预见，专家们警告过的恶果将会出现：由于东部地区非工业化的趋势日益严重，失业大军不断扩大，由东向西移民的现象从长远看难以遏制，东部德国将成为经济灾区。

我既不想大肆渲染也不想平白抹黑。但是，如果局势长此发展下去，东部德国目前这种西部工业销售市场的作用也将难以为继。德国东部地区日益严重的社会不平等现象，将导致社会冲突。

我认为，如果在德国东部各州实施砍光伐光的伐木式工业政策，如果对东部企业不是采取整顿清理而是采取解散清除政策，如果不给农业生产合作社以生存机会，在东部将不可能出现积极的转机。波恩对建立货币联盟和统一的主要论据是制止民德的移民浪潮。然而，如今凡是大量消灭就业机会的地区，许多人就不得不去别的地区寻找工作。因此，流向老西德的移民浪潮仍在持续，每个月至少 2 万人，大多是青年专业人才。

现在常常听到一种说法，把德国东部的所有消极发展统统说成统一社会党统治的结果。我绝不想为“现实社会主义”辩护，绝不想维护过去党的领导人所推行的供应不足、管理混乱的经济体制。对此，我早在担任德累斯顿专区第一书记时就提出过许多批评，并因此招致柏林某些人的恼怒。但是，波恩政府的先生们推卸责任的说法是不是太过简单？当德国东部的工业生产在短短几个月内下降一半时，全德新政府是不能用旧政府的错误来掩盖它的无能力和无章法的。在此之前，民德这个小小的国家，尽管实行中央集权的指令性经济，尽管在经济领域中问题成山，但它毕竟是世界十五大工业国之一，这一切归功于这个国家人民的勤奋。民德公民实际上确实创造了伟大的成就，何况他们是在远远低于西德的地点上起步的。

当时，一场深入改革无疑已在所难免，首先是要坚决地摆脱中央指令性经济体系。在我的任职期间，我们努力采取步骤，在社会和生态上导向市场经济，为两个国家的合并——而不是一国吞并另一国——开辟道路。我们旨在分阶段过渡到市场经济并实现德国统一的方案，可使东德经济进入协调时期，肯定是一种现实的、低代价和少痛苦的选择，可以取代过于仓促、毫无计划地引入西德货币乃至 1990 年 10 月 3 日民德被西德吞并的道路。

九、对德国的反思

对德国的反思已经成为一种挑战。两德统一已经实现。未来它是将成长为一个较大的德国，还是同时又必须是一个崭新的德国？无论人们是否愿意，结果非此即彼。内部的发展和外部的条件已经孕育着各种强制和挑战。

“二加四条约”规定了统一的外部条件，给予统一后德国以 1945 年以来战胜国所拥有的权力。历史必然会证明，此举是否已使战后的问题得到足够的解决，错误地与德国签订和平条约是否会再一次带来有害的效应。

恰恰又是在苏联，最近几个月对德国产生了新的顾虑。两个德国的统一，作为必要的历史步骤，不会引致疑虑。但令人不安的是，德国的内部发展针对着某些德国人，即那些曾经共同承担苏联与民德的联盟关系，曾经在苏联接受高等教育，因而被视为统一后德国的负担的人。

1989 年秋天民主觉醒的真正推动者，迄今仍然坚持当时奋斗目标的那些人，今天在统一后德国中得不到执政党的任何支持，常常连起码的容忍都得不到。他们的努力仍然旨在真正的民主改革，其中包括建立新宪法和完善基本法。换言之，为群众运动提供场所，迫使当权者尊重民主运动。然而，事态的发展与此愿不符，甚至与此愿相悖。数十万人走上街头，高呼“反对用鲜血交换石油！”但是，以科尔为总理的联邦政府虽然在1989年秋天对群众游行示威大加赞赏，并为改变现状大鼓其劲，现在却对反对海湾战争的群众游行置若罔闻，在决策时根本不予考虑。

东部各州的政治力量，凡是在民德的“老党”内有过一段历史，甚至包括那些圆桌会议中曾经被视为持批评态度的同路人乃至部分改革者的新党代表，都早已被与民主力量切割开来。有些人自视为加入基民盟/基社盟或自民党是“洗心革面，攀龙附凤”，另一些人竭力把社民党拉回到反共时代。反共时代不会给民主运动带来任何好处。

这些现象促使我们的东西方邻国对德国的反思。因为，德国的内部和平理所当然地与欧洲的和平不无关系。统一后德国应当是东西方之间的桥梁。但是，德国在这方面非但没有起到应有的作用，反而相去甚远。

1991年6月22日是法西斯德国突然袭击苏联50周年纪念日。这一日子本来是个由头，可以借以重申：西德与苏联之间签订的伙伴关系和合作条约是两国和两国人民之间一项真正的和平条约，可以借此发表一项联合声明。这个条约有效期很长，应当迅速、具体地在经济和科学方面补充内容，使苏联的改革不致停滞，相反应当促使改革深入。此举也可以向邻国发出信号，即德国人愿意同他们相互尊重，宽容共处。

我认为，这方面还有许多事应当做。我们德国人必须努力维护各国和各国人民在德国统一问题上对我们的信任，必须重新赢得这种信任。从长远看，这也意味着德国无论经济有多么强大也必须裁减军事实力。具有关键意义的是，未来德国应成为裁军和非军事化的先行者，积极参与欧洲统一进程，并在北约内部施加自己的影响，最终导致这一军事集团发生根本性的变化。华约已经在 1987 年将其军事理论完全转为防御性，民德国家人民军已于 1990 年解散，苏联军队已经撤回其本土，华约军事联盟已经走到尽头。

北约究竟还在等什么？何时北约才肯略作收敛？西方何时才能下定决心考虑建立联合安全防务体制？如果人们看出西方根本无意建立有效的全欧防务体系，如果联邦德国因为北约军事实力的集中部署而仍然成为针对东方、针对苏联的前沿阵地，我们的东部邻国尤其是苏联难道不会产生新的不信任？积极参与欧洲统一进程，意味着自觉置身于未来欧洲合作式安全防务体系的束缚之中。这也意味着北约已成为多余的组织，因为北约常常声称其任务是束缚和控制德国。东欧国家，尤其是苏联的一切混乱、困难和冲突，不应成为北约维持其今日形式的理由。决不应该抱着陈旧的敌友观，也不应该创造出新的敌友观来。

德国本身需要解决的问题很多。对未来具有关键意义的是，能否成功地阻止东西德之间裂缝的继续扩大，相反，应当缩小并封闭这一裂缝。光在口头上宣传东部各州很快就会成为“繁荣的乐土”是不够的。也不应或多或少只让人相信市场经济已经建立。这算不上是政策。经验已足以证明，仅靠自由摆布市场效力是于事无补的。光靠一再呼吁投资是不够的，即使已经产生某些刺激因素。必要的是制定有效的联邦、州、乡体制和就业政策，从而使东部德国的生产力水平逐步适应老西德。同时这也是一条解决大批失业问题、增加联邦和州、乡财政收入的途径。但前提是，要求联邦政府具有坚定的意志和明确的方案，要求西部德国经济界具有向东部德国投资的愿望。我们国家的东部不能只被视为可迅速获取利润的销售市场，而必须被待之以工业发展基地，必须得到整顿和现代化发展。

在思索未来时，也有一些可供选择的设想。光靠目前市场经济的界限，无法解决社会紧张的关系。这就是说，对德国的反思将集中于谋求另一种选择。我们这个时代的总体难题也迫切需要别种选择。当代的诸多难题——军备过剩、社会不平等、危险的环境破坏、饥饿、第三世界的不发达——将导致严重后果。

如今的思想、理论和价值观都截然反对作出精神上和道德上的另一种选择。另种选择无论现在还是未来，都与民主的社会主义的未来紧密相连。这种民主社会主义已经深深扎根于世——从耶稣的教诲，法国革命中自由、平等、博爱的原则，到 19 世纪初英国、法国以及后来德国社会运动的思想。

所有民主力量的目标均是建立一个真正民主和社会平等的欧洲德国，与所有创造世界历史的各国人民团结相处。这样即可最大限度地利用统一给我们德国人带来的历史机遇，最大可能地达到民族和国际行动的一致性。

世界变得十分脆弱，尽管柏林墙拆除后两德之间再无冲突。正是因为这一状况，统一后的德国有义务积极促进和平，适度地发挥其不断增强的力量。应当全力向第三世界提供应尽的援助，同时有效地向东部提供一切可能的支持，使其成为和平的欧洲大厦之一部分。

对德国的反思，对我而言最终与对社会主义的反思紧密相连。

人类对社会主义的追求已经有几百年历史，而非始自 1848 年，当马克思和恩格斯撰写《共产党宣言》之时。在人类的每一个历史阶段，人们都在孜孜以求平等、民主和自由，孜孜以求人类的亲密关系和尊严。空想社会主义者的思想中，基督教徒的理想中，也都表达了上述追求。当我们在去年经历了列宁所创导的社会主义模式在东欧国家中的失败时，并不能表明社会主义的梦想已经不复存在，而只是说明这一模式的社会主义无法实现。人类历史证明，一种社会新秩序的诞生，本身就是一个痛苦和复杂的过程。社会主义的失败并没有改善资本主义的现实。它只是证明，资本主义发展的可能性尚未枯竭。

人类的总体问题一如既往尚未得到解决。人类正处在向一个新的世纪过渡的阶段，面临着维护自身生存的挑战。人类必须作出一种选择。对我来说，社会主义不仅是一种梦想，而且是人类未来的憧憬。

德国的左派肩负着重要的任务，他们的责任异常重大。他们的政策能力和行为能力的关键程度，取决于以下几点：他们是否能对执政的新保守派构成挑战？社会的发展仅仅是依据资本的意识，还是为了促使社会和生态的继续进步？德国占据优势的究竟是民族利己主义，还是致力于共同解决人类问题，从而为我们的儿辈孙辈提供一个值得生存的地球？

附件一

德意志民主共和国部长会议关于支持圆桌会议工作的决议

（1989 年 12 月 21 日）

一、部长会议将参加即将于 1989 年 12 月 27 日在柏林尼德舍恩豪森区奥西埃茨基大街会议大楼开幕的圆桌会议会晤。

已为新闻界预先准备拥有电话设备的工作间、会客室和其他工作条件。

负责人：部长会议秘书处处长。

二、参加圆桌会议的新政党和政治组织，凡需要房间用于政治工作，可临时提供备有家具的统一社会党 / 民主社会主义党柏林中心区办公大楼（弗里德里希大街 165 号）供使用。各房间的分配将与未来房主协商解决。

其他用于工作的办公用品可向部长会议秘书处申领，办公用品将根据实际情况分发。

部长会议秘书处已与统一社会党 / 民主社会主义党柏

林专区领导达成有关的使用协议，业已澄清财产拥有权问题，业已承接财政责任。

此规定自1990年6月1日起生效。即日起经财产所有者和财产使用者协调后重新调整该楼使用权。

三、为改善工作条件，每个新政党和政治组织均可从部长会议秘书处所拥有的小座车中调用两辆。

接管小座车的时间及与此有关问题须经协商。

清理工作负责人：部长会议秘书处处长。

四、免职脱产的规定。

1. 圆桌会议的参加者以及经其批准的工作小组成员及其工作秘书处的职员（以下统称圆桌会议代表），凡圆桌会议务必需要其承担任务者，均可免除原职工作。

根据圆桌会议工作秘书处的建议，由劳动工资部向有关企业、合作社和单位出具免职脱产证明。

2. 各专区、县、市、乡圆桌会议参加者，凡圆桌会议务必需要其承担任务者，亦可暂时免除职业工作。

必要的免职脱产证明，可由所在地议会主席签发。

3. 依据有关人民代表机构议会的规定，对平衡和补偿费用作以下规定：

——原享受劳动法待遇的圆桌会议代表，可在免职脱产期间从原企业领取原数量的平均工资。若原工资额增加，可从原企业领取本应增长的辅助工资额。免职脱产不得导致年终奖金数的减少。

——原系生产合作社社员的圆桌会议代表，在免职脱产期间可从原生产合作社领取原数额的平均报酬。凡原系农业生产合作社、园林生产合作社以及渔业生产合作社社员的圆桌会议代表，其收入的计算应根据上一年度所创造劳动日值的平均数，以及所在合作社企业计划中规定的每一劳动日值的现金和实物报酬标准而定。凡原系手工业生产合作社社员的圆桌会议代表，其收入的计算可根据第四章第1节第1款而定。

在特殊情况下，可根据生产合作社的申请，由所在地议会支付全部或部分报酬。

原系代销商贩、个体手工业者、个体中小企业主或类似个体及自由职业者的圆桌会议代表，从原所在地议会领取因承担圆桌会议任务而误工导致损失的补偿费。可以出示纳税单作为误工证明。经济损失补偿费应按本行业收入的标准纳税，并承担有支付社会保险费的义务。误工补助费每小时不超过10马克，每工日不超过80马克。若圆桌会议代表无法出示误工证明，应由所在地区议会决定应予支付补助费的数额。

五、财政经费。

1．圆桌会议开会费用，可在出示证明的前提下由部长会议秘书处从预算计划中支出。

负责人：部长会议秘书处处长，财政和价格部部长。

2．各政党、社会团体和政治组织的日常工作费用、雇员报酬、招待费用和政工费用，在政党和统一法通过之前从国家财政资金中拨出。

各政党、社会团体和政治组织专职人员的费用，可根据圆桌会议代表的特别建议亦从国家财政中支出。

各政党、社会团体和政治组织，应向财政和价格部部长呈交有关上述主要费用项目的财政建设，并注明各自收入状况，以便确定从国家财政中预支的期限。

对国家财政预支资金的监督工作，由人民议院负责协调。

负责人：财政和价格部部长，由圆桌会议的有关代表给予合作。

3．在政党和统一法通过之前，由国家银行行长负责制定以下特别规定：

由国家银行向各政党、社会团体和政治组织提供价值为600万马克的贷款，用于购置设备和物资。

由国家银行行长根据法律规定确定贷款条件。

负责人：民主德国国家银行行长。

六、舆论渠道。

根据宪法中规定的新闻自由权，各政党、社会团体和政治组织的舆论渠道应得到保证。部长会议直接管辖的舆论工具——德新社、广播电台和电视台，有义务确保对各政党、社会团体和政治组织工作和活动的持续性的新闻报道。

在1990年5月6日大选的准备阶段，广播电台和电视台应为各方提供竞选宣传时间。

负责人：德意志新闻通讯社社长，民主德国广播电台台长，民主德国电视台台长。

时间：即日起生效。

七、关于宣传用纸、印刷能力和出版专利的规定。

1．新成立的政党和政治组织有权发表自己的宣传品。

新出版新闻出版物须申请专利。为此，特作以下规定：

（1）中央级定期出版物向民主德国政府新闻和信息服务中心主任申请专利，地址是1086柏林，奥托-格罗提渥大街19D。

（2）地方级定期出版物向所在专区议会主席申请专利。

申请书不拘格式，但必须包括以下内容：报刊名，出版者，出版方式，出版物篇幅容量，规格，发行数量。

2．申请专利获准后，应自行与任一所有制形式之印刷厂家签订该报刊出版的经济合同。必要时可得到部长会议秘书处的支持。

3．其他出版物，如小册子、广告画、传单等，不须经印刷许可和专利申请。各政党、社会团体和政治组织可与任一所有制形式的印刷厂家，以合同方式协调解决此类出版物的短期出版事宜。

4．必需的纸张数量和纸张品种，应由印刷厂家负责解决。关于超额的纸张和办公需求，应由该印刷厂上级单位或商务服务中心负责酌定。

国家计划委员会受有全权，可根据预算机构的要求对计划外达200万米的超额纸张需求作出决定。

八、通讯和新闻发行。

1．邮电部受命负责以下工作：新成立的各政党和政治组织之新闻出版物，应根据“将新闻出版物运往德意志邮政部门所需的一般性运输条件”的规定予以保证；新成立的各政党和政治组织中央领导机构向邮电部提交的订购民德发行之新闻出版物的订单，应根据“向预定客户发行新闻出版物的一般性条件”的规定予以核准。

2．邮电部应根据有关法律规定，保障各政党、社会团体和政治组织下列工作设施：电话装置、电传装置、传真装置。

凡需申请电话、电传和传真装置，应向邮电部递交报告。

3．外交部受权对各政党、社会团体和政治组织免税进口复印器材、电视器材、录像器材（摄像机，录像机）、录像带和类似非文字的视觉声像、数据和信息载体及其他办公技术设备发放关税许可。

凡进口为组织和实施其社会工作所必需物品，进关时只需出示参加圆桌会议的各政党、社会团体和群众组织开具之证明。

海关总署应下达指示，确保对上述做法的支持。

负责人：外交部部长，海关总署署长。

九、各专区、县、市、乡议会受命根据本决议之原则及其当地条件拟订支持新成立政党和政治组织的措施。

本决议第五条第2款所述从国家预算中拨出经费的问题与此条款无关。经费问题应由各政党和政治组织中央机构根据自身体制自行协调。

各政党、社会团体和群众组织不应从地方财政中索取经费。

十、为实施本决议，圆桌会议参加者将经过协商指定专人组成一个常设工作小组，该小组将定期会商。

十一、建议由部长会议秘书处处长京特·黑格瓦尔德博士先生担任圆桌会议观察员。他同时兼任调解人，负责对新建政党和政治组织的物质技术和财政保障工作。

附件二

民主德国部长会议主席汉斯·莫德罗在1990年1月15日圆桌会议上的声明

尊敬的女士们、先生们！

我很难拒绝诸位的邀请，但又不得不在大约一小时后离开诸位，前去参加外交使团的新年团拜活动。

我今天来这里，是想表示我的良好祝愿——下面我还要提出一个新的建议——更重要的是想表示对内政局势的巨大担忧。

我在最近的政府声明中谈到了国内的不安定状况。这就需要进一步发展民主，同时又必须保持理智和审视——二者并不矛盾。只有这样，民德才能从混乱中摆脱出来。一旦导致分崩离析——有些人确实希望如此——这个共和国乃至联邦共和国的公民和欧洲的政治稳定都将受到可以想象到的最坏的影响，将成为一个黑色的日子。

我们大家都有责任阻止这种局面的发生。因此，我呼吁民主德国公民保持镇定。我再次要求德意志联邦共和国的一大批政治家和新闻界，不要把民主德国当成他们随意干涉内政的儿童游戏场所。我请求圆桌会议各政党和组织的代表们，不要让总理及其政府与政务分割开来，而应帮助他们进行必要的工作。

负有政治责任的第一号人物，可能会遇到一个问题，即在全民福利和一党利益之间作出抉择。我自从担任本职务以来，即已决定为全体公民的利益而奋斗。如果肯定我的抉择，便是出示公允；如果帮助我作此奋斗，便是施益于民德公民。

我希望，对今天讨论的那些现实问题，将由政府代表们作出令人满意的回答。对1月8日的批评，我承担责任。科赫先生被解除其担任的负责解散国家安全机构工作的政府专员职务。

我利用这个机会，向福音新教和天主教的代表以及基督教教会的工作小组表示感谢，感谢他们为圆桌会议和民德内部和平作出的巨大努力。

我1月11日在人民议院发表的声明中，已经强调了圆桌会议为民主改革作出的重要的、不可或缺的工作。我再一次强调：

政府需要并谋求圆桌会议各参加党和组织出谋划策。民主化和经济的稳定与改革需要各个有责任感的政党齐心协力。这种齐心协力只有通过争论才能取得，因为它不仅是圆桌会议政治多元化的产物，尤其是民德复杂局势中的产物。无论过去还是现在，我对圆桌会议的理解都是如此，别无其他。

我向诸位提出以下三点请求：

第一，我们应当共同关心国内局势的进一步发展，确保其和平进程。在10月开始的革命中，“不使用武力”的人道主义口号迄今仍然有效。这就要求我们对公民的生命和健康负责。同样，我们对世界也负有责任。

第二，我请诸位给予协助，使所有经济领域的工作不受干扰，取得尽可能好的经济效益，从而确保日常生活在正常轨道中的运行，确保改革进程的继续。我认为，这也是促使德意志联邦共和国实现其所许诺的连带责任援助的必要前提。

第三，我请诸位施加各自的政治影响，使民主德国的公民留在自己的家乡。任何人不能指望一个政府在8周工作后即取得奇迹。但我向民主德国所有公民保证：我们的国家确实拥有机会，通过自身的努力和外界的帮助，在今年内取得物质生产和供应的稳定，从而为繁荣创造条件。留在民德是值得的。

请允许我在上述请求的基础上，强调和补充本届政府对圆桌会议所提出的各项建议。主要是以下几点：

由富有经验的人士直接参与政府工作并担负责任；

在政府及其机构的各个委员会、工作小组和其他特设委员会（包括经济委员会）中发挥作用；

对我即将与西德联邦总理举行的会谈提出具体的设想，尤其是关于建立条约关系的内容；

由圆桌会议代表组成一个小组，参加与西德总理的会谈；

参与各项法律法令和其他部长会议决议的准备工作，旨在提高政府工作的效率。我这里指的是5月6日之前应当进行的必要改革方面的工作，以及民主德国在经互会中的工作，同时更重要的是参与决策，如何将即将解放或已经解放了的力量重新投入，应作哪些调整，采取什么有效方法?

关于解散国家安全机构和曾经计划建立的那两个机构的问题，我将在下一次人民议院例会中详细阐述。今后，在5月6日之前不再设立新的机构。政府将公布进一步解散国家安全机构的情况。政府代表今天就会依据部长会议的决议，向诸位介绍有关细节。我再次请求诸位在解散国家安全机构时给予民间监督方面的合作。

我们十分重视的是，所有参与者都应毫不迟疑地推进政党法和选举法的工作。

根据政府上述请求和圆桌会议的建议，政府将继续指派授有全权的主管代表进行合作。

鉴于目前存在问题的严重性和紧迫性，我建议，副总理卢夫特和莫莱特，部长会议的其他成员菲舍尔、迈尔和温舍尔，以及我本人将在1月22日的圆桌会议上听取诸位的见解，并阐述我们的意见，回答大家的问题。

请允许我再重复一遍：我由衷地请求诸位对政府给予帮助，使其能够继续工作。

根据日程，现在将由内政部部长阿伦特先生向诸位作关于内政安全的政府报告，以及关于解散国家安全机构的中期报告。此外，部长会议秘书处副处长曼弗雷德·绍尔先生将受我的委托讲话。

请允许我对下面的报告作以下声明：

一、即将给诸位发放的材料，均是经过多次会议，包括部长会议在周末召开的历次会议讨论的决议。我国公民都将通过新闻媒介获悉这些材料。主要原因是，在起草那份中期报告时，充分考虑到了所有合理的批评意见，即不仅是圆桌会议，而且包括人民议院内提出的关于对事态不够公开透明的意见。这就是说，我们坚决地对这项工作进行了积极、彻底的检查和清理，从而为有效、迅速地解散国家安全机构、废除前国家安全部旧体制的进程创造重要的先决条件。

二、与此同时，政府委员会重新改组，任命一名新的主任，并增加一些有经验的工作人员。通过这些措施，并在确定准确日程的情况下，确保解散国家安全机构后续阶段的顺利进行，使这项工作比原先的计划提前完成。当然，我们将不断地向圆桌会议和我国公民通报这方面的情况。

三、我想在此再次强调本届联合政府的合作意愿。不仅政府专员与圆桌会议安全工作小组之间要密切地合作，我想再说一次，而且希望圆桌会议的参加者立即发挥对解散国家安全机构工作的民间监督作用。如果需要，我们也愿意指派政府专业人士支持圆桌会议安全小组。

最后，我希望政府与圆桌会议密切合作。不仅因为我们要在这个方面修正过去，而且更重要的是要一举消除产生恐惧的根源，从而建立相互信任。没有相互信任就不可能在民主改革道路上迈开步子。只有这样，不仅圆桌会议，而且全国范围内才能和睦相处——这也是我最为迫切的愿望。

附件三

圆桌会议决议声明

（1990 年 3 月 12 日）

圆桌会议向即将选举的人民议院和由它产生的政府提出下列政治建议：

一、当务之急是依靠自身的努力，并借助西德和其他国家的支持，维持和巩固民德的社会稳定。移民问题若继续发展下去，将导致两德之间的紧张和冲突，使局势难以控制，危及条约规定的德意志统一途径，加剧欧洲安全的敏感程度。

二、民主德国的首要任务是担负起提高经济能力的自身责任。这就要求迅速果断地继续进行经济改革，改革的中心是过渡到一种对社会和生态负责的市场经济。

三、德意志统一的先决条件是保证两个德国和东西柏林之间的平等地位与公民自决权。此外，应创造一个法制国家所必需的普遍条件，并尊重其国际义务。

四、德意志统一的道路必须纳入欧洲联合进程。首先应当确认与邻国的现有边界。目标仍然是未来的欧洲和平秩序。德意志国土上的外国和自身军事实力，应在不改变各军事集团影响范围的前提下，根据欧安会裁军协议逐步削减，最终达到完全解散军事集团的目的。

五、圆桌会议和各个委员会、工作小组中不仅包括各政党、群众组织的代表，而且还有许多政治小组和无党派人士。他们在工作中积累了坚定民主化改革的新鲜经验，应该予以保留，并在基层民主的原则下用法制形式予以确定。未来，在公开透明度方面，在人民议院以及政府会议酝酿具有社会影响的决策时，这些经验也具有重要意义。应当积极创造条件，与未参加议会的各政党、群众组织和少数派进行合作。

六、圆桌会议强调政治斗争中的文明方式，这已形成圆桌会议工作的特点，其主要标志是尊重持不同政见者的意见，与之共同探求有益的途径，并通过接近群众赢得信任。

在竞选和大选期间尤应如此。只要圆桌会议的各工作小组存在一天，即要在此前提下全力工作支持任一国家机构，直至政府重新组成；各工作小组应始终遵循圆桌会议的各项决议。

最后，圆桌会议衷心感谢其主持人和教会领导，感谢他们在主持对话时的公正客观。衷心感谢以莫德罗总理为首的政府，感谢人民议院，感谢国内外新闻界在工作条件和舆论效应方面的支持。

附件四

德意志民主共和国和德意志联邦共和国合作与睦邻条约草案

（1990 年 1 月 17 日）

德意志民主共和国和德意志联邦共和国怀有在统一的欧洲内实现和平、自由、民主和人权的共同愿望；基于共同的民族历史、语言、文化以及其他种族共性和在一个德意志民族中产生了两个国家的事实；认识到两个德国关系的接近和紧密结合必须在欧洲和平秩序中与欧洲各国的共同发展同步进行，因而确认，建立一种条约关系是德意志民主共和国和德意志联邦共和国之间相互关系的新发展，是一条导向邦联的道路。两国的德意志人未来可以在这个邦联中共同生存，并与邻国和平共处。双方达成下列一致意见：

第一条

德意志民主共和国和德意志联邦共和国（下称签约双

方）将在1972年12月21日《德意志民主共和国和德意志联邦共和国之间关系基础条约》的基础和赫尔辛基条约以及其他所有欧安会文件的基础之上，通过建立友好睦邻的紧密和全面条约关系，从而为人类福祉乃至增强欧洲和平秩序而发展条约联盟。

条约联盟将促进两个德意志国家之间政治、经济、环境、能源、交通、文化和裁军政策的合作，并赋予新的质量。

第二条

（1）签约双方一致认为，应建立一个平等组合的政治协商委员会，作为条约联盟的机构。该机构置于德意志民主共和国部长会议主席和德意志联邦共和国联邦总理的领导之下。

（2）政治协商委员会的任务是协商建立条约联盟及其继续发展为邦联过程中的基本问题，协调现有的和即将组成的联合特设委员会的日常工作，向两国议会和政府呈交有关发展睦邻关系的协议。

（3）政治协商委员会的组成和工作日程，将由德意志民主共和国和德意志联邦共和国政府间分别商定。

（4）德意志民主共和国和德意志联邦共和国政府各部和其他机构，为实现其在各种状况下合作，可平等组成联合的特设委员会。这些委员会应向政治协商委员会乃至德意志民主共和国政府和德意志联邦共和国政府呈交提议。

第三条

签约双方将模范地履行赫尔辛基条约和其他欧安会文件中规定的所有义务。双方将为欧安会进程的新发展制定各自的和联合的倡议，使这一新发展适应欧洲的社会变革，最终达到发展欧洲长期和平秩序和促进欧洲各国邦联统一进程的目标。

第四条

签约双方的出发点是，战后欧洲边界不容更改。双方郑重声明，对任何欧洲邻国绝无领土要求。

第五条

（1）签约双方将各自、联合并在各方所属联盟范围内为裁减军备和军备控制作出具体贡献，其目标是在体制上均不具备相互进攻能力。

（2）签约双方支持尤其是在欧洲内建立信任和安全措施的实施，支持该地区进一步措施的商定。为此，双方谋求两国武装力量间的联合安全体系，从而积极促进欧洲两个条约联盟武装力量之间信任关系的发展。

第六条

（1）为建立时局安定和确保社会公正，签约双方努力使两个德意志国家的生活质量条件相适应。

为达此目的，双方致力于建立一个市场经济原则基础上的经济联盟，其目标是在社会和生态上造福公民。

双方促进符合民族和国际市场发展目标以及要求的所有活动。双方进一步加强着眼于未来的新领域中的合作。双方致力于发展新形式的合作并建立与之相符的机构。

（2）签约双方认为，着眼于两个德意志国家在全欧范围内目前和将来的作用，双方在条约联盟中心内尤应完成下列任务：

就建立货币联盟达成一致；

扩大基本建设，尤其是通信网络和交通设施；

制定并落实一项有效地减少和控制环境污染并创造健康的环境条件的联合计划。

（3）双方认为，两国各地区间的紧密经济合作具有重要意义，应为发挥地区机构的作用创造适当的整体条件。

（4）签约双方将在达成一致意见的基础上，为促进欧洲共同体和经济互助委员会之间及其成员国之间的密切合作作出努力。

（5）德意志联邦共和国将支持德意志民主共和国申请加入欧洲经济共同体。

（6）为达成第 1 和第 2 款一致确立的目标，签约双方将在第七至第十六条范畴内发展合作。

第七条

（1）签约双方将促进和支持两国企业和机构之间经济与科技合作的全面发展。合作的范围包括工业、建筑业、农林业、外贸和内贸、手工业和作坊业以及银行和保险业；无论何种所有制，均在平等互利基础上予以促进和发展。

双方将避免一切可能导致对方损失或影响一方企业竞争地位的经济和财政措施。

（2）为达此目的，签约双方促进并支持平等组合各联合委员会及其工作。这些委员会的主要任务是协商相互经济关系，交流经济和商务信息，协商消除贸易障碍，解决经济政策摩擦事件。委员会还将在方便两国企业直接接触和向两国政府提出有关建议方面发挥作用。

签约双方在上述委员会范围内及时就可能对另一方及其企业的贸易条件造成重大影响的经济政策新措施互通情况。

（3）签约双方十分重视将其国民经济进一步纳入国际分工的进程，一致认为所有国家均应享受国际分工的优越性。双方愿在本国能力范围内参与克服世界工艺领域现有问题和障碍，在长期经济发展计划的国际突破方面予以协助。此外，双方还将加强在国际有关组织中的合作。

第八条

（1）签约双方促进多方面科学合作的发展，并在科学和技术领域合同协议的实施方面给予特殊重视。双方促进两国科学合作伙伴之间合作项目的预期成果，促进两国有关机构科学家之间直接接触关系的加深。

（2）签约双方促进经济、科学和技术领域以及旨在改善人文和环境条件而投入技术设备的社会和劳动法方面的所有活动，并为此而独立和共同协作采取措施。

（3）为了创造这类合作的最佳条件，签约双方促进和支持其有关机关在技术标准化领域内的合作，包括保护人类、保护环境、技术或自然危害估价、质量保险以及保护知识产权等方面所要求的标准化。

第九条

签约双方发展和加深财政和货币政策领域中的合作，旨在建立一个货币联盟，从而避免因两国货币的不现实兑换比价而导致的国民经济弊端。

第十条

（1）签约双方为两国联合企业的组建和工作创造法律条件，旨在有效地解决研究、发展、生产和销售领域中的问题。签约双方就保护投资和利润转移达成必要的协议。

（2）签约双方促进两个伙伴国之间企业的合作，支持这些企业在第三国市场上的合作。

第十一条

（1）签约双方支持建筑业、城市建设、建筑设计、土地规划领域中的合作，以创造和维持良好的公民居住和工作环境。双方将确定联合的城市整顿模式方案，此方案包括城市规划、城市建设、财政和建筑在内的综合计划；双方将促进建筑企业、规划机构和设计机构的有关活动。

（2）签约双方支持建筑业组成联合的专业组，吸收各种所有制形式的企业和设施参加。

第十二条

签约双方共同努力实施一项有效减少和阻止环境污染的联合计划，创建健康的环境条件。合作的主要方向是净化空气，合理开发和利用能源，水域保护（包括减轻易北河运输负担），自然保护，森林保护，有效利用生产废弃物，和平利用核能源范围内的核安全和防辐射。为达此目的，签约双方促进信息和数据的广泛交流，支持各机构和部门在现代化环境技术的研究、发展和应用领域中的合作。合作领域也扩大到环境保护法律问题的调查和环境保护教育领域。

第十三条

签约双方在现有条约规定的基础上发展交通领域内的相互关系，拓展条约合作的新领域，旨在建立现代化、高功率的铁路、公路、水路和空中交通联系，从而满足两国间旅游和货运往来不断增长的要求，同时促进欧洲地区内更为紧密的联系。为此，将组成一个特设委员会，制订建立一个现代化的、有利于环境保护的交通网络的联合计划。特设的交通和过境委员会将定期评价交通关系的发展，向德意志民主共和国政府和德意志联邦共和国政府提交联合倡议。

签约双方支持各交通部门和设施之间的直接合作，包括组建联合企业。

第十四条

签约双方在尊重对方利益的前提下协调双方公民在另一国就业问题。双方合作促进其公民社会福利方面以及劳动保护领域中的社会进步。

第十五条

签约双方加强邮电领域中的合作。双方尤其致力于扩大德意志民主共和国的电话网，并扩大两国间电话网联系，改善双方邮政往来。签约双方支持建立欧洲范围内大功率电信通信网。

第十六条

签约双方支持发展两国间基于免签证的观光和旅游往来。双方促进建立必需的经济协作关系，以改善旅游基础设施。

签约双方将在考虑到存在不同货币体系的前提下，有步骤地改善总体条件，以促进观光和旅游往来的发展。

德意志民主共和国和德意志联邦共和国政府将签署一项旅游业合作协议。

第十七条

签约双方将在德意志民主共和国政府和德意志联邦共和国政府间 1974 年 4 月 25 日协议的基础上，加深卫生事业领域中的合作。双方尤其支持两国间卫生设施、医学机构和科学协会之间直接关系的发展。

第十八条

签约双方将协商协调两国间现存的财产问题。

德意志民主共和国政府和德意志联邦共和国政府将为此举行有关谈判。

第十九条

（1）签约双方加强人道主义方面的合作，旨在实现两个德意志国家在民事、政治、经济、社会和文化方面人权水平的尽可能一致。双方将为建立欧洲共同法律范畴作出贡献。

为达此目的，签约双方将采取必要措施，使两国的国家法律和实践，与欧安会达成的人权和人道主义方面的协议，以及有关民事和政治权利的公约和有关经济、社会和文化权利的公约相适应。

（2）签约双方将为达此目的而组成有关人权和人道主义方面合作问题的委员会，促进两国议会之间的关系，旨在交流各自国家内人权发展的信息，支持主管科学机构在平等权利下对两个德意志国家内人权保护情况的调查，支持非官方人权机构之间关系的发展。

第二十条

签约双方促进自由、真实、广泛的新闻报道，以表明对理解和信任的努力。双方将在与欧安会决议规定和欧安会后续会晤文件精神保持一致的前提下，为新闻出版物的双向发行提供可能性，为通过两国新闻媒介和现代化信息手段互相传播信息和节目创造方便条件。

第二十一条

（1）签约双方促进文化、科学和教育领域的广泛合作。双方平等组成一个文化委员会和一个科学教育委员会，其任务是提出合作建议并准备实施，包括新的合作形式和创建联合的文化和科学机构等合作内容。

（2）在德意志民主共和国政府和德意志联邦共和国政府间文化合作协议

的基础上，尤其重视发展民族和欧洲文化遗产的保护和创造性继承工作，以及文化和科学成就的交流。

（3）在科学和教育领域内，将促进专业人才和留学生的交流。在所有教育级别上，将努力实现教育内容的一致性，并相互承认文凭、学位和其他教育证书的同等效力。

第二十二条

（1）签约双方将在阻止和侦查严重犯罪行为，以及确保迅速有效地处理（尤其是在边界附近地区）各类灾难、祸难和火灾方面紧密合作，两国有关执勤部门可以直接接触。尤其重视联合打击国际恐怖主义和贩毒刑事活动。

（2）德意志民主共和国和德意志联邦共和国的主管政府部门和勤务部门，将就合作方式达成相应的协议。

第二十三条

（1）签约双方将尽快签署一项法律辅助条约，以确保公民权利的保护和扩大法律事务往来领域中的广泛合作。

（2）在第1款所述法律事务往来的协议规定尚未形成之前，法律和公务辅助往来应根据当事人的利益，在双方依据条约外法律交涉实践所确定的级别上，创造性地实施，不受任何行政干预。

第二十四条

签约双方表示愿意发展和扩大两国议会间的直接关系。

第二十五条

（1）签约双方促进地方级别上的伙伴关系，支持各地方委员会的工作。

地方委员会由德意志民主共和国和德意志联邦共和国地区社团的代表以及政府级别上一个有关委员会的代表组成。

（2）签约双方促进各社会力量、教会和宗教团体、政党和组织、青年和体育协会之间尤其是着眼于全欧目标的合作。

第二十六条

（1）签约双方一致同意，本条约将不触及双方在此前业已签署的或与之有关的双边和多边国际决议和协定。

（2）签约双方确认本条约不得触及四大国的权利和责任以及与之有关的四方协议、决议和条款。

第二十七条

根据 1971 年 9 月 3 日的四方决议，本条约除第五条外均延伸适用于柏林西部。

第二十八条

本条约尚待审批，自交换批准证书之日起生效。

附件五

民主德国总理在1990年2月1日记者招待会上《关于〈德国统一〉方案的声明》

最近几周内，欧洲各国人民一致注视着两个德意志国家。民主德国民主改革的曲折进程和民德与西德之间的未来关系，将对今日乃至本世纪内的欧洲产生巨大影响。欧洲大陆的和平、安全与稳定，比以往任何时候都更加取决于德意志人如何解决德国问题。有鉴于此，我特提出一个方案。

德国应当重新成为德意志民族所有公民的统一祖国。德国统一不应再危及其邻国的生命和财产，德意志民族必须负有责任感、谨慎态度，时刻意识到自身行为的可行性以及欧洲对自身行为的可承受性。

只有把两德关系坚决纳入全欧发展进程，才能确保上述目标的达成。民主德国和联邦德国所追求的新型合作和进一步加强共同发展，应理解为造福于两国人民，而非使之受到损害，而非以其共同前途作为代价。

因此，有必要针对两国大部分居民中可以理解的急切心理给予一个心理平衡，从而使局势发展和平进行，使人们看清两个德意志国家统一的理智时间界限。这一时间界限取决于必要步骤的完成情况。民主德国在过去已经多次提出重建德国统一的具体建议，包括建立德意志邦联的计划。但是，这些建议当时并未得到应有的回音。不允许再次坐失两德关系彻底改变的当今良机，不允许以不恰当、不合法的要求来封锁这条切实可行的通途。

根据逻辑和内在意义，德意志统一的进程将同营建全欧大厦和欧洲邦联紧密相连。在这栋全欧大厦中，不容存在强权政治的一席之地。因此，两个德意志国家在邦联阶段即应逐步解脱各自对第三国所负有的联盟义务，逐步达到军事中立的地位。民主德国和联邦德国之间的边界，将中止其作为两大军事集团分界线的现状，终止一切由此而产生的后果。

我想在此提出的《德国统一》方案，预示了一条能为欧洲各国人民所了解和理解的两德分阶段统一道路。这一进程不得有悖于克服欧洲分裂之现状，不得造成新的危险。现有的全欧体制以及欧安会进程，应构成德国统一的范围。

本方案包括以下建议，即如何在欧洲和平秩序中克服德意志民族的分裂现状。此举为欧洲乃至超逾欧洲范围内裁军展现全新的前景。德国，不仅仅是德国，拥有摆脱大规模毁灭性武器的现实机会。

现附上本方案。我认为，本方案与两个德意志国家的许多政治家和无数公民抱有同样的希望，即由德意志人通过自由的自决达成祖国的统一，并使这一进程始终伴随一个精神：为建设一个和平与合作的欧洲而共同努力。

附件六

《德国统一》草案全文

欧洲进入了一个发展新阶段。战后的篇章正在结束。各国人民和平睦邻般合作的条件正在形成。两个德意志国家的统一问题已经被推上议事日程。

德意志人民将在建立和平新秩序的过程中找到他们的位置。在这一过程中，欧洲分裂为敌对阵营和德意志民族分裂的现状最终将被消除。为第二次世界大战画上句号和签订一个德意志和平条约的时机已经到来。这一和平条约的签订，将使希特勒德国的侵略和第三帝国的灭亡所带来的一切问题得到解决。

德意志问题的最终解决，只有在四大国的合作下，在考虑到所有欧洲国家利益的前提下，通过两国德意志人的自由自决才能实现。这一进程必须促进全欧进程，使我们的欧洲一举摆脱军事危险。两个德意志国家的接近及其今后的统一，不得使任何人感到威胁。

本着这一精神，我建议进行一次负责任的民族对话。

对话的目的是确定德国统一的具体步骤，使德国的统一成为欧洲稳定、信任和和平的一个新因素。

民主德国和联邦德国的代表，可以通过这样的一个对话和平等的谈判对德意志民族未来的问题找到最佳的答案。

德意志统一道路似应采取以下步骤：

——签订一项合作和睦邻条约，建立一种业已包括重要邦联因素的条约关系，如建立经济、货币和交通联盟和法律的一致性。

——组建一个民主德国和联邦德国的邦联，下设联合的组织和机构，如议会委员会、各州议会、某些部门的联合行政机关等。

——两国主权转交邦联的权力机构。

——通过邦联两部分的选举组成一个统一的德意志国家，形式可为德意志联邦或德意志联盟，设统一的议会，制定统一的宪法，组成统一的政府，政府驻地设在柏林。

上述发展的必要前提是：

——两德任何一国在德国统一的每一步骤中均负有对其他国家或国家集团的义务，应采取必要的改革和变革达成一致。此外，民主德国应过渡到州制。维护内部的稳定和法制同样是必不可少的前提，并须严格执行民德和西德间早已签订的协议，包括互不干涉对方内政等。

——维护四大国的利益和权利以及欧洲各国人民对和平、主权和边界安全的利益。四大国应阐明其观点，两德统一后应结束所有第二次世界大战期间和战后阶段存在的问题，包括外国军队撤出德国领土，结束两德对军事联盟的所属。

——民德和西德在邦联发展过程中的军事中立化。

这一德国统一进程应在民主德国和联邦德国政府一致同意的基础上进行。各方均应公开表明其以民主和非武力方式进行政治斗争的意愿，从而创造包括民意测验在内的必要保障条件。

本方案赞成民主、爱国、进步的思想和组织，拥护德意志民族在共同的历史和最新的现实基础上统一起来，尊重德意志人民的人道主义和反法西斯主义传统。

本方案求助于民主德国和联邦德国公民的支持，求助于欧洲各国和人民的支持，求助于世界舆论的支持。